KB055211

27

Abnormal Psychology

자폐증

이용승 지음

_ 엄마, 아빠에게 무관심한 아이

학지사

'이상심리학 시리즈'를 내며

21세기를 살아가는 우리는 급격한 변화와 치열한 경쟁으로 이루어진 현대사회에 적응해야 하는 커다란 심리적 부담을 안고 있다. 이러한 현실 속에서 현대인은 여러 가지 심리적 문제와 장애에 직면하게 될 가능성이 높다.

정신건강에 대한 사회적 관심이 증대되면서, 이상심리나 정신장애에 대해서 좀 더 정확하고 체계적인 지식을 접하고자 하는 사람들이 늘어나고 있다. 그러나 막상 전문서적을 접하게 되면, 난해한 용어와 복잡한 체계로 인해 쉽게 이해하기 어려운 것이 현실이다.

이번에 기획한 '이상심리학 시리즈'는 그동안 소수의 전문가에 의해 독점되다시피 한 이상심리학에 대한 지식을 일반 독자들에게 소개하기 위한 것이다. 이를 위해서 다양한 정신장애에 대한 최신의 연구 내용을 가능한 한 쉽게 풀어서 소개하려고 노력하였다.

'이상심리학 시리즈'는 서울대학교 심리학과 임상 · 상담 심리학 교실의 구성원이 주축이 되어 지난 2년간 기울인 노력의 결실이다. 그동안 까다로운 편집 지침에 따라 집필에 전념해준 집필자 모두에게 감사드린다. 아울러 어려운 출판 여건에도 불구하고 출간을 지원해주신 학지사 김진환 사장님과 한 권 한 권마다 좋은 책이 될 수 있도록 성심성의껏 편집을 해주신 편집부 여러분에게 고마움을 표한다.

인간의 마음은 오묘하여 때로는 "아는 게 병"이 될 수 있다. 그러나 이러한 우려보다는 "아는 게 힘"이 되어 보다 성숙하고 자유로운 삶을 이루어나갈 수 있는 독자 여러분의 지혜로움을 믿으면서, '이상심리학 시리즈'를 세상에 내놓는다.

서울대학교 심리학과 교수
원호택, 권석만

2판 머리말

우리 주변에서 자폐적인 증상을 보이는 아동들은 그리 드물지 않게 볼 수 있다. 이들은 주위 사람들의 반응에 관심이 없으며 자기만의 세계에 빠져서 특정 행동을 반복하면서 혼자 지내는 경우가 많아서 사람들과 함께 있으면서도 '존재하지 않는 것 같은' 묘한 분위기를 자아낸다. 자폐증의 원인과 관련하여 많은 생물학적·심리학적 이론들이 제시되었지만 아직 자폐증의 원인에 대해서는 정확하게 규명되지 않았다.

자폐증은 어떤 장애보다도 현실과의 접촉이 심하게 차단되는 경향이 있으며, 일상생활을 적절히 영위하는 데 상당한 어려움이 있기 때문에 심리사회적인 치료적 개입이 절대적으로 필요하다. 이와 관련하여 이 책에서는 자폐증이 어떠한 증상이나 행동을 보이는지에 대한 사례를 통해 자세하게 기술하고 있으며, 자폐증의 원인에 대한 다양한 이론적 접근들을 간략하게나마 소개하고 다양한 치료적 개입을 제시하였다.

결국 자폐 증상이 있는 사람들은 자기만의 껍데기를 깨고 나와 다른 사람들과 적절히 교감하면서 살아갈 수 있는 능력이 발달되어야 할 것이다. 임상 현장에서 자폐 아동들을 치료하면서 많은 어려움과 좌절을 경험하지만, 하루하루 지나면서 발견하게 되는 아이의 새로운 발달은 상담이나 심리치료를 하는 사람들에게는 기적과도 같은 삶의 기쁨을 주기도 한다.

이 한 권의 책으로 자폐 아동을 완전히 이해한다는 것은 역부족이다. 그럼에도 이 아이들이 어떤 어려움들을 겪고 있고 우리가 이 아이들을 어떻게 다루어 나갈 수 있는지에 대해 이해하는 단초가 되었으면 하는 바람이다.

2016년

이용승

차 례

2 자폐증은 왜 생기는가 ― 85

3 자폐증을 어떻게 치료할 것인가 — 113

자폐증이란
무엇인가

1. 사례로 보는 자폐증

대개 사람들에게 '자폐적'이라고 하는 말은 자신만의 세계에서 공상에 빠져 지내는 사람, 다른 사람들과 소통하지 않고 혼자만의 세계에 고립되어 지내는 사람 등을 일컫는 것으로 인식되고 있다. 일상생활에서 자폐적이라는 말은 아주 흔히 쓰이는 말은 아니지만, 사람의 어떤 특성을 묘사하는 형용사로 종종 사용되고 있고, 사람들에게 비교적 잘 알려진 단어라고 할 수 있다.

2013년에 『정신장애의 진단 및 통계 편람 제5판Diagnostic and Statistical manual of mental disorder (5th ed.): DSM-5』가 나오기 전까지 자폐증은 만 명당 2~5명 정도로 발생하는 심리장애로 알려졌으며, 순수 자폐증은 그리 빈번하게 관찰되지는 않는 장애로 기술되었다. 하지만 최근 들어 발간된 DSM-5에서는 자폐증과 관련된 여러 장애자폐증, 아스퍼거 장애, 아동기 붕괴성 장애, 기타의 전반적 발달장애를 '자폐 스펙트럼 장애Autism Spectrum Disorder'라는 진단명으로 새로 통합하였으며, 이 심리장애는 아동과 성인에서 1% 정도의 유병률을 보인다고 보고되고 있다. 이렇게 유병률이 증가한 이유에 대해서는 아직 정확히 알려진 바가 없지만, 이제는 주의력결핍 과잉행동장애ADHD 아동과 더불어 자폐 스펙트럼 장애는 아동·청소년기에 빈번하게 진단되는 범주로 자리 잡게 되었다.

다음에 제시된 2가지 사례는 아동의 자폐증의 일면을 보여준다.

5살인 민수는 유치원 선생님의 권유로 어머니와 함께 상담기관에 내원하였다. 어머니에 따르면, 민수는 다른 사람의 말을 반복해서 따라만 하고 의사소통을 잘 못하며, 한 가지 물건에만 집착하고 혼자서만 지내는 경향이 있다고 한다. 유치원에서도 민수는 선생님의 지시사항을 이해하지 못하였고, 주위에 있는 아이들의 머리를 갑자기 낚아채는 등 공격적인 행동을 자주 보였다.

자연분만이지만 조산아인 민수는 신생아 시절에는 특이한 사항이 관찰되지 않았다. 그러나 민수가 2살이 되었는데도 별다른 언어발달을 보이지 않자 부모는 걱정이 되기 시작하였다. 민수는 정상적인 언어습득을 하지 못하였을 뿐만 아니라 사회적인 활동도 잘 해내지 못하였고, 아플 때에도 엄마를 찾지 않았다. 민수는 동일한 행동을 반복하기를 좋아하였는데, 특히 흐르는 물을 보면 열광하였고, 비누나 그릇에 과도하게 집착하였다.

민수가 유치원에 들어가자 또래 아이들과 상당히 다르다는 것이 분명하게 드러났다. 민수가 말하는 문장은 다른 사람이 이해하기가 어려웠고, "나"라고 말하는 대신 "너"라고 말하거나 다른 사람의 말을 반복해서 따라하는 등의 이상한 언어 패턴을 보였다. 친구들과 장난감을 함께 쓰지도 못하였고 집단 활동에 참여하지도 못하였다. 선생님과의 의사소통도 잘 되지 않아 선생님은 민수가 화장실을 가고 싶어 하는지, 배가 고픈지를 도통 알 수 없었다.

민수는 선생님의 질문에도 반응을 보이지 않았고 특별한 이유 없이 교실을 뛰어다니거나 흥분한 모습을 보이곤 하였다. 민수는 한번 흥분하면 쉽게 가라앉지 않았으며 신체적 체벌을 가해야 겨우 안정되곤 하였다. 그리고 유치원에서 있는 대부분의 시간 동안 민수는 어느 누구와도 눈 맞춤을 하지 못하였고 다른 사람과 어울리지 못하고 혼자서만 지냈다.

13세 소년 진우는 학교 선생님의 의뢰로 심리평가를 받았다. 진우는 평균 수준의 지능 수행을 보였으며, 동작성 지능검사에서보다 언어성 지능검사에서 더 우수한 수행을 보였다. 단순한 암기를 요하는 학습은 매우 잘 수행하였으나 추상적 사고가 요구되는 학습에 어려움을 보였고, 친구들과는 잘 어울리지 못하였기 때문에 선생님들은 진우에 대해 당황스러워하면서도 많은 걱정을 하였다고 한다.

진우는 일상생활에서 예측하기 어려운 행동들을 종종 보였다. 진우는 혼자 있으려 하였고, 손에 뭔가를 움켜쥔 상태에서 뻣뻣하게 있거나 자기 손을 바라보면서 시간을 보내는 경우가 많았다. 자동차에는 많은 관심을 보였으나 사람들에게 관심을 보이지 않았고, 5살이 될 때까지 혼자 있으려 하고 눈 맞춤을 제대로 하지 못하였다. 신체발달은 정상적이었는데, 혼자 걸을 수 있게 된 이후부터는 항상 손에 무엇인가를 움켜쥐고 있었고, 만일 누군가가 이것을 하지 못하게 하면 심하게 비명을 질렀다.

3살이 되었을 때 진우는 글자를 배우고 그림을 그리게 되었는데, 주로 동그라미만 그렸고 그 밑에 이름을 쓰는 것을 반복하였다. 4살이 될 때까지 말을 하지 못하였고 한 단어만을 반복하였으며 점차 시간이 흐르자 구나 절을 반복하기 시작하였다.

5살 이후 언어와 사회적 접촉이 눈에 띄게 나아졌고 11살 때까지 특수학교에 다녔다. 이때도 기이하게 반복하는 모습을 보이기는 하였지만, 암기 능력이 매우 우수하였고 배운 것은 잘 기억하였다.

11살 때 진우는 일반학교에 진학하였다. 언어 표현력은 매우 미숙한 수준이었고, 주로 자신의 특정한 관심사에만 중점을 두어 이야기하였다. 다른 사람에 대해서는 별로 관심이 없었고, 사회적으로 위축되어 있지는 않았지만 또래보다는 형이나 어른들과 어울리는 것을 더 좋아하였다. 그리고 사회적 규칙을 이해하는 데 어려움을 보였다. 간단한 농담을 좋아하기는 했지만 미묘한 유머는 이해하지 못하여 종종 주위 사람들로부터 놀림을 당하였다.

진우의 주요 관심사는 도로 표지판이나 교통 지도였으며, 길을 매우 잘 기억하였다. 하지만 또래들과 어울러서 역할 놀이를 하지 못하였고, 장난감 곰에만 매우 집착하면서 지내는 모습을 보였다.

자폐증은 비교적 흔하지 않은 심리장애로 아주 어린 시절에 나타나는 여러 가지 증상으로 구성되어 있다. 자폐 아동의 가장 특징적인 증상은 사회적인 상호작용이나 소통을 잘하지 못하는 것이다. 자폐 아동은 가족구성원을 포함한 주변 사람들에게 전혀 관심을 보이지 않고, 혼자 지내는 것을 좋아한다.

단지 다른 사람과 잘 어울리지 못하는 것이 아니라 부모, 형제, 동료들과 함께 놀고 싶다거나 애정을 받고 싶다는 욕구가 없는 듯이 보인다.

자폐 아동의 사회적 상호작용 장애는 의사소통에서도 나타나는데, 자폐 아동의 약 절반 정도가 언어와 제스처를 사용하지 못하고 손을 잡아끈다거나 원하는 것을 얻기 위해 우는 등 지극히 단순한 의사소통 방법을 사용한다. 나머지 절반 정도는 언어를 구사할 수는 있으나 다른 사람의 말을 잘 이해하지 못하고 특정 단어나 어구를 의미 없이 반복하기도 한다. 또 대다수의 자폐 아동은 지능검사에서는 지적 장애로 진단되는 경우가 많지만, 인지발달상에서는 매우 다양한 집단으로 구성되어 있다. 자폐 아동의 사회적 · 의사소통적 · 학습능력 장애는 아동의 행동을 매우 제한되고 경직되게 만든다.

한편, 자폐 아동은 여러 가지의 발달적인 측면에서는 지체되어 있지만 운동 발달은 정상적인 경우가 많고, 설사 지체되었다 할지라도 매우 경미한 수준이다. 소수이긴 하지만 음악 등의 분야에서 발군의 실력을 발휘하는 자폐 아동도 있다. ◆

2. 자폐증의 역사

자폐증 증상은 캐너Kanner가 1938년에 5세 소년을 관찰하여 그 증상의 특이함에 집중하면서 처음으로 알려졌다. 캐너는 다음과 같이 자폐증을 앓았던 도널드에 대한 관찰을 기술했다.

나는 도널드가 보여 주는 특이함에 매우 놀랐다. 도널드는 2살 반 이후부터 모든 대통령과 부통령의 이름을 알고 있었고, 알파벳을 역순으로 또는 순서대로 매우 자유스럽게 말하였다. 일상적인 대화를 할 수 없었고 다른 사람과 잘 어울리지 못했지만 물건들을 아주 잘 다루었다. 기억력도 매우 우수하였다. 그러나 다른 사람에게 말을 걸 때 자신을 '너'라고 지칭하고 다른 사람을 '나'라고 지칭하였다.

캐너는 그 후 유사한 행동 증상을 보이는 10명 이상의 아동
들을 관찰하여 그들이 아주 어린 시절부터 다른 사람과 잘 어
울리지 못하고 사물의 같은 형태를 유지하는 데 매우 집착한
다는 것을 밝혀내었다. 캐너가 1943년에 처음으로 증상을 기
술하고 명명한 심리장애인 초기 유아자폐증early infantile autism은
여러 해 동안 매우 어린 시절에 생겨나는 장애로 받아들여졌다.

1940년 이전에 몇 개의 사례 보고가 있었지만 19세기 중엽
까지 자폐증은 지적 장애와 구별되어 다루어지지 않았고, 대
부분 성인기 심리장애가 아동기에 나타나는 증상으로 보았다.
몇몇 학자는 자폐증을 조현병정신분열증의 한 형태로 보기도 하
였지만, 후속 연구들에서 조현병과 자폐증의 차이점이 발견
된 후 이들 두 장애는 뚜렷이 구분되었다. 자폐 아동은 광범위
한 심리기능 발달에서 발달 이상 혹은 발달 지체를 보이는데,
이러한 증상들은 주로 생의 초기에 나타난다. 자폐 아동에게
서도 정신증의 경우에서처럼 현실 검증력의 장애가 발견되기
도 하지만, 이는 주로 발달 과정의 지체로 인하여 발생하는 이
차적 증상으로서 정신증 환자에게서 나타나는 현실 검증력의
장애와는 구분된다.

캐너는 자폐 아동을 조현병을 겪거나 지적 장애를 보이는
아동과 구분하면서 여러 증상적 특징을 언급하였다. 극단적인
사회적 고립, 일상생활이나 자신의 행동을 포함한 모든 일에

있어서 동일한 방식으로 행하려는 강박적인 집착, 다른 사람의 말을 반복하거나 명사의 순서를 바꾸어 말하는 등의 언어이상과 함께 비의사소통적 언어 양상, 구체적인 사고과정, 일반적으로 정상적인 신체발달, 정상적인 지적 잠재력 등의 여러 증상이 비교적 상류층의 잘 교육받고 강박적인 부모 밑에서 양육된 아동에게서 많이 나타난다고 밝혔다.

캐너는 초기에는 이러한 증상들이 적절한 사회적 관계를 형성하지 못하는 선천적인 능력의 결핍과 관련된다고 보아 초기 유아자폐증으로 명명하였으나, 점차 아동의 생리적 경향성과 자폐증 경향성을 가진 부모의 '거리를 두는 양육방식'이 서로 상호작용하여 자폐 증상이 생겨난다고 보았다. 후에는 생화학적 이상에 기초한 유전학적 이상의 가능성을 주장하면서 자폐 아동의 경우 태어날 때부터 손상이 있을 수 있다는 측면에 초점을 두어 연구를 진행하였다.

유아자폐증은 캐너에 의해 명명된 이후 상당히 관심을 끌었고, 자주 사용되는 진단이 되었다. 1950년대에 대다수 임상가가 심리적 원인을 강조하여 아동과 부모에게 장기간의 심리치료를 행하였으며, 그 밖에 많은 연구자가 이 장애의 생리학적 원인을 찾고 자폐증과 유아 정신분열증을 구분하려는 노력을 계속하였다.

1960년대에 들어서서 자폐 아동에 대한 기본적인 정보들이

역학 연구를 비롯한 여러 연구에서 밝혀지기 시작하였다. 이러한 연구들은 대부분의 자폐 아동이 지적 장애를 보이고 있고, 상류층뿐만 아니라 여러 사회계층에서 골고루 발생하고 있으며, 적은 수이기는 하지만 명백한 신경학적 이상을 보이는 자폐 아동이 있다는 사실을 밝혀냈다.

부모의 양육방식을 조사한 연구들은 부모의 양육방식과 자폐 증상 간 뚜렷한 상관관계를 밝혀내지 못하였고, 인지심리학자들은 지각과정, 주의과정, 개념형성 및 언어과정 등에 대한 연구를 통하여 이 장애에 여러 형태의 신경학적 기능 이상이 있을 가능성을 시사하였다. 그리고 아동 행동을 주로 다루는 학교심리학자나 행동치료자들은 자폐 아동이 보이는 다른 사람의 말을 의미 없이 따라하는 행동이나 자기 파괴적인 행동들을 조건형성 이론을 응용한 치료 기법을 통하여 치료하려는 시도를 하였다.

그 후 수많은 연구에서 자폐 아동의 증상을 보다 명확히 하고 그 원인을 탐구하려는 시도가 있었다. 심리사회적 원인에 대한 연구가 계속 진행되었고, 러터Rutter의 경우 자폐증을 언어 이해에 영향을 끼치는 인지적·지각적 결함이 있는 장애로 이해하고자 하였으며, 로바스Lovaas는 행동치료 기법을 적용하여 자폐 아동이 언어 모방과 관습적인 언어 사용을 배울 수 있음을 보여 주었다.

1970년대와 1980년대 연구들 대부분은 자폐증이 정서적 장애가 아니라 발달에 문제가 있는 장애라는 것을 받아들였으며, 자폐증을 치료하기 위해 초기 개입이 효과적임을 주장하였다. 하지만 이러한 이론들에 근거한 치료적 개입은 그다지 효율적이지 않았으며, 자폐증은 심리치료가 매우 어려운 것으로 알려졌다.

정신분석적 입장에서는 프로이트Freud의 추동Trieb, drive 이론을 근간으로 자아심리학, 대상관계object relations 이론,[1] 자기심리학 등 다양한 발달적인 전개가 이루어졌는데, 특히 심리구조적으로 취약한 심한 성격장애나 정신증 내담자와 같은 초기 장애 내담자의 치료와 관련된 많은 기법이 개발되었으며, 자

---

1 대상관계 이론은 유기체를 소외된 한 존재가 아닌 환경과의 상호작용 속에서 파악하려는 시도다. 정신분석적 개념에서 대상관계는 실제 관계와는 구별된다. 인간은 각자의 성격특성을 가지고 태어나서 환경에 영향을 끼치며, 환경과의 상호작용 속에서 성장한다. 그의 가장 중요한 환경은 주요 관계대상이라고 할 수 있다. 이 대상과의 관계를 통해 심리내적인 구조intrapsychic structure가 형성되는데, 자신의 특성과 체험을 외재화externalization하고 외부의 정보와 자극을 내재화internalization하는 과정을 통해 주관적인 체험의 현실적·상상적 내용이 심리내적인 표상representation으로 변화된다. 즉, 자기표상과 대상표상이 형성되고, 이 둘 간의 관계표상 자체도 내재화된다. 이러한 표상들은 심리내적인 조절 작용을 하게 되고, 발달 과정에서 수정되거나 부분적으로 억압되어 무의식적인 소망으로 머물게 된다(윤순임 외, 1995).

폐증이나 심각한 정신병리가 있는 내담자들을 치료하는 데 주로 적용되었다. 베틀하임Bettelheim, 터스틴Tustin 등과 같은 정신분석가들은 자폐 아동을 어떻게 이해하고 치료하는지에 대한 정신분석적인 접근을 제시하였다. ❖

3. 자폐증의 진단

1) 자폐증의 진단기준

캐너는 초기 유아자폐증을 기술하면서 주요 증상으로 자폐적인 고립, 지연된 언어표현, 동일한 대상에의 강박적인 요구, 2세 이전 발병 등을 들었다. 이 4가지 주요 증상은 진단의 기초 증상으로 사용되고 있으나, 여러 연구결과가 발표되면서 2세 이전의 발병이 진단에 요구되지 않게 되었다.

『국제질병분류 제10판Internal Clarification of disease, 10th ed.: ICD-10』(1992)의 진단기준에서는 보통 이러한 자폐증적 증상들이 3살 이전에 명백히 나타난다고 기술하고 있다. 『정신장애 진단 및 통계편람-제4판Diagnostic and statistical manual of mental disorders (4th ed.): DSM-IV』(1994)에서도 3살 이전에 증상이 나타나야 한다고 기술하고 있지만, 최근 들어 발간된 DSM-5(2013)에서는 증상이 초기의 발달 시기early developmental period에 존재해야만 한다고 기술하고 있다.

자폐증은 아동자폐증(WHO, 1990), 유아자폐증(APA, 1980; Rutter, 1978), 자폐장애(APA, 1987, 2000), 전반적인 발달장애 (APA, 1980, 1987, 2000; WHO, 1987), 아동기 정신증(Fish & Ritvo, 1979) 등 매우 다양한 용어로 불렀다.

최근에 발간된 DSM-5에서는 자폐 스펙트럼 장애라는 용어를 사용하고 있으며, 사회적 상호작용과 의사소통에서의 장애를 나타낼 뿐만 아니라, 제한된 관심과 흥미를 지니며 상동적인 행동을 반복적으로 나타내는 장애들을 모두 포함하고 있다. 즉, DSM-IV에서 전반적 발달장애에 포함되었던 자폐증, 소아기 붕괴성 장애, 아스퍼거 장애, 기타의 전반적 발달장애를 다 통합하였는데, 이것은 이러한 4가지 장애들이 증상의 심각도만 다를 뿐 연속선 상에 존재하는 하나의 장애를 나타내는 것이라는 연구결과를 반영한 것이다. 자폐 스펙트럼 장애의 진단기준은 다음과 같다.

자폐 스펙트럼 장애의 진단기준 (DSM-5; APA, 2013)

A. 다양한 맥락에 걸쳐 사회적 의사소통과 상호작용에 지속적인 결함이 나타난다. 이러한 결함은 현재 또는 과거에 다음과 같은 방식으로 나타난다.

1. 사회적-정서적 상호작용의 결함을 나타낸다. 예컨대, 다른 사람에게 비정상적인 방식으로 사회적 접근을 시도하고, 정상적으로 번갈아 가며 대화하지 못하며, 다른 사람과 관심사나 감정을 공유하지 못하고, 심한 경우에는 사회적 상호작용을 시작하지 못하거나 그에 반응하지 못한다.

2. 사회적 상호작용을 위해 사용되는 비언어적 의사소통 행동에 결함을 나타낸다. 예컨대, 언어적·비언어적 의사소통을 통합된 형태로 사용하지 못하고 눈 맞춤과 몸동작에서 비정상성을 나타내며, 심한 경우에는 표정이나 비언어적 의사소통을 전혀 사용하지 못한다.

3. 대인관계를 발전시키고, 유지하며, 이해하는 데 결함이 나타난다. 예컨대, 다양한 사회적 맥락에 맞게 행동을 조율하지 못하고, 다른 사람과 상상적 놀이를 함께하거나 친구를 사귀는 데 어려움을 나타내며, 심한 경우에는 또래 친구에 대해서 전혀 관심을 나타내지 않는다.

B. 행동, 흥미 또는 활동에 있어서 제한적이고 반복적인 패턴이 다음 4가지 중 2개 이상의 증상으로 나타난다.

1. 정형화된 혹은 반복적인 운동 동작, 물체 사용이나 언어 사용(예: 단순한 운동 상동증, 장난감을 한 줄로 정

     렬하거나 물체를 뒤집는 행동, 반향언어, 기이한 어구의 사용).

2. 동일한 것에 대한 고집, 일상적인 것에 대한 완고한 집착 또는 언어적·비언어적 행동의 의식화된 패턴을 나타낸다(예: 작은 변화에 대한 심한 불쾌감, 경직된 사고 패턴, 의식화된 인사법, 매일 동일한 일상 활동을 하거나 동일한 음식을 먹으려는 욕구).

3. 매우 제한적이고 고정된 흥미를 지니는데 그 강도나 초점이 비정상적이다(예: 특이한 물건에 대한 강한 애착 또는 집착, 과도하게 제한되어 있거나 고집스러운 흥미).

4. 감각적 자극에 대한 과도한 혹은 과소한 반응성을 나타내거나 환경의 감각적 측면에 대해서 비정상적인 관심을 나타낸다(예: 고통이나 온도에 대한 현저한 무감각, 특정한 소리나 재질에 대한 혐오반응, 특정한 물건을 만지거나 냄새를 맡는 데 집착함, 빛이나 물건의 움직임에 매료됨).

C. 이러한 증상들은 초기의 발달 시기에 나타난다.

D. 이러한 증상들은 사회적, 직업적 또는 다른 중요한 기능 영역에 심각한 손상을 초래한다.

E. 이러한 장애는 지적 장애나 전반적 발달 지연에 의해 더 잘 설명되지 않는다.

2) 발병 시기 및 유병률

자폐증의 발병 시기에 관하여 학자들은 대체로 30~36개월 사이에 여러 행동적 이상이 나타난다고 이야기하고 있다. 좀 더 일찍 증상들이 생겨난다는 주장도 있고, 5세 무렵부터 증상을 확인할 수 있다는 주장도 있다. 대체로 2세 반에서 3세 정도에 증상들이 이미 나타나고 있다는 주장이 널리 받아들여지고 있다. DSM-5의 진단기준에는 발병 시기가 명확히 언급되어 있지 않으나, 대체로 생후 2년 이내에 여러 증상을 발견할 수 있고, 심지어 6개월 이내에 여러 증상이 나타난다고도 한다.

자폐 스펙트럼 장애의 유병률은 아동과 성인을 포함한 전체 인구의 1% 정도인 것으로 알려져 있다. 미국, 유럽, 일본, 아프리카를 대상으로 한 조사에 따르면, 자폐 스펙트럼 장애는 문화에 상관없이 상당히 일정한 빈도를 나타낸다. 우리나라에서도 소아정신과를 방문하는 아동들의 12% 이상이 자폐증이라는 보고가 있다.

일반적으로 자폐증은 여아보다 남아에게서 더 많이 발생하는데, 여아를 1로 보았을 때 남아에게서는 3~4명의 비율로 나타난다. 그러나 여아가 자폐 증상을 보이는 경우에는 남아보다 그 증상이 더 심각하고 지적 장애의 어려움을 겪고 있는 경우가 많다.

3) 자폐증에 동반하는 장애

(1) 지적 장애

자폐 증상을 가진 아동 중에는 지능지수 69 이하를 보이는 지적 장애intellectual disability 아동이 많이 있다. 초기의 학자들은 이러한 지적 장애 현상을 정서적 이상에 기인한 이차적 증상으로 보았으며, 실제로 캐너는 자폐 아동이 잠재적으로 매우 우수한 지능을 보유하고 있다고 보았다. 그러나 여러 연구에서 많은 자폐 아동이 실제로 지적인 장애를 보이는 경우가 있으며, 이는 자폐증적 행동 문제가 향상된 이후에도 지속되는 특징이라는 것이 밝혀졌다.

자폐 아동의 경우 지능 수준에 따라 나타나는 임상적 특징이 다양할 수 있다. 실제로 심한 지적 장애가 있는 아동은 경한 지적 장애가 있는 아동이나 정상적인 지능 수준의 자폐 아동과는 다른 방식으로 행동한다. 또 지능과 언어발달은 매우 밀접한 관련이 있기 때문에 자폐 증상의 예후도 지능 수준과 언어 발달 수준에 따라 매우 다양하다. 이를테면, 심하게 지적 장애가 있는 아동 중에는 언어 발달을 이루지 못하는 경우가 매우 많다. 반면, 지능이 높은 아동의 경우 매우 다양한 범위에서 정교한 반복적인 행동을 보이고, 특정 분야에서 뛰어난 능력을 발휘할 수도 있다.

(2) 간질

자폐 증상을 지닌 아동들 중에는 비교적 어린 나이에 발작을 일으키는 경우가 있다. 종종 유아기에 자폐 증상이 나타난 후 유아기 발작을 보이는 경우가 있기도 하지만, 보통 사춘기 무렵에 간질발작이 생겨난다. 자폐 아동의 약 1/3 정도가 발작을 일으키는데, 지적 장애를 보이는 아동에게서 더 흔하게 나타나며, 지능이 높은 아동에게서도 나타날 수 있다. 청소년기에 발작 증세를 일으키는 대부분의 아동은 명백한 신경학적 이상의 징후를 보이지 않는 경우가 많다.

(3) 시각과 청각의 손상

일부 학자는 특히 감각결핍에 의한 시각의 손상으로 자폐증이 발생하고, 자폐증과 시각 손상은 종종 함께 발생한다고 주장하기도 한다. 하지만 자폐증과 시각 손상이 관련되어 있다면 이는 특정 신경학적 손상에 의해 발생하여야 하는데, 아직까지 특정 신경학적 손상에 대한 직접적인 지지 증거는 발견되지 않고 있다. 청각 손상도 자폐증과 관련되어 있다고 보고되는 증상 중 하나인데, 실제로 자폐 증상이 있는 아동들에게서 청력과 관련된 이상이 보고되고 있다.

자폐 증상을 지닌 아동들에게서 시각적·청각적 문제가 많이 보고되고 있음에도 자폐증과 시각과 청각 손상의 관련성이 연구되지 않았다는 사실은 상당히 흥미롭다. 여러 가설이 자폐증과 시각과 청각 손상의 관련성을 제시하였고, 이를 규명하고자 노력하였으나 아직 확실하게 밝혀진 바는 없다.

임상장면에서 나타난 현상에 기초해 보면 시각 손상보다는 청각 손상이 자폐증과 더 많이 관련되어 있는 것으로 나타나고 있다. 아동기를 거치면서 자폐 아동의 대부분이 빛에 대해서는 이상한 반응을 별로 보이지 않지만 소리에 대해서는 이상한 반응을 많이 보였다. 게다가 자폐 증상을 지닌 사람들 중에서는 시각에 이상이 있는 경우보다 청각에 이상이 있는 경우가 더 많이 보고되고 있다. 따라서 자폐증과 어떤 감각기능의 이상이 더 관련되어 있는지에 대해서는 좀 더 연구가 진행되어야 할 것으로 보인다.

(4) 기타 장애

자폐 증상은 행동적으로 매우 제한된 증상들의 집합이므로 특정 장애가 자폐증과 관련되어 있다고 생각할 수 있으나, 실제로는 매우 다양한 장애가 자폐증과 함께 진단되고 있다. 취약 X 증후군은 X 염색체 형성 결함에 의해 발생하는 것으로,

다운 증후군 다음으로 많이 발생하는 염색체 이상이다. 현재까지 원인 불명으로 알려졌던 지적 장애자 가운데 상당수가 이 증후군을 가지고 있는 것으로 추정된다. 한 연구에 따르면 자폐 아동의 17% 내에서 취약 X 증후군이 발견되고 있으며, 이 중 약 12～13%가 자폐 증상을 보인다고 한다. ◈

4. 자폐증의 주요 증상

자폐증이라는 용어는 블로일러Bleuler가 조현병 증상에서 나타나는 사고장애의 한 유형을 설명하기 위해 처음으로 사용한 개념으로서, 캐너가 사용한 유아자폐증이라는 용어와는 개념이 약간 다르다. 현재 자폐증은 캐너가 진술한 여러 증상을 나타내는 성인이나 아동을 언급할 때 사용되는 기술적 개념을 많이 받아들이고 있다.

1) 사회적 측면

자폐증의 영향을 받는 주요 기능은 사회적 상호작용, 의사소통, 제한되고 반복적인 행동, 인지적 기능의 4가지다. 사회적 관계의 어려움은 지적 장애 아동과 비교하여 살펴볼 때 자폐 아동에게 매우 높은 비율로 나타나는 증상이다. 자폐 아동은 다른 사람들과 사회적 상호작용을 잘하지 못하고 개개인간의 독특성을 잘 인식하지 못한다.

퍼스Firth는 자폐증의 기본적 특징이 초기 마음 이론theory of mind 발달의 결핍이라고 주장하였다. 즉, 자폐 아동은 다른 사람이 어떻게 느끼고 생각하는지에 대하여 잘 알지 못한다는 것이다. 다른 사람의 생각이나 느낌을 알지 못하면 다른 사람에게 공감을 하지 못하므로 결국 잘 어울리지 못하게 된다. 그러나 공감의 부족은 사물을 관찰하거나 시각적 · 청각적 자극들을 논리적으로 분석하는 능력에는 영향을 주지 않으므로 이러한 영역에서는 다른 사람과 비슷해 보일 수 있다.

전형적인 자폐 아동은 다른 사람과 눈 맞춤을 하지 않고 공중을 응시하거나 특이한 응시접촉을 보인다. 이들은 보통 매우 짧은 기간 동안 응시하고, 보통 사람들이 쳐다보는 것과 약간 다르게 사물을 쳐다본다. 물건을 집거나 만질 때 나타날 수 있는 행동 반응도 하지 않으며, 다른 사람이 안아 주는 것에 익숙하지 못하다. 또 대부분의 아동이 보이는 물건을 만지거나 이것저것 해 보려는 등의 호기심에 찬 행동을 잘 보이지 않는다.

눈을 잘 맞추지 못하는 증상은 학교에 들어간 후에도 계속될 수 있고 심지어 성인기까지 지속될 수 있다. 특히 자폐 아동은 사회적 고립이나 다른 사람과 떨어져 있는 상황에서도 별다른 반응을 보이지 않는 경우가 많다. 이들은 실제 다른 사람의 감정을 잘 알지 못하고 다른 사람의 행동 효과를 잘 이해하지 못하기 때문에 타인의 감정을 이해하는 능력이 상당히 제한된다. 따라서 비교적 기능을 잘하는 자폐 아동의 경우에도 친구를 사귀거나 다른 사람과 함께 놀이를 하는 데는 어려움을 겪는 경우가 많다. 캐너는 이러한 현상을 자폐적 고립 autistic aloneness이라고 기술하였다.

자폐 아동의 경우 다른 사람의 감정을 인식하지 못하고 정상 아동처럼 사회적 단서에 잘 반응하지 못한다. 그리고 다른 사람의 행동이나 사회적 맥락에 따라 자신의 행동을 조절하는 능력이 떨어지고 공감 능력이 결여되어 있어서 타인의 감정이나 정서적 반응을 잘 이해하지 못한다. 또한 주위에 있는 사람이나 주변에서 행해지고 있는 일에 동요하지 않고 자신의 일을 하는 경향이 있으며, 환경의 변화에 능숙하게 대처하지 못한다.

자폐 아동의 부모는 자녀가 아기였을 때 뽀뽀를 하거나 안기기를 원하는 반응을 보이지 않았으며, 사회적 미소의 발달이 늦고, 부모와 타인을 구별하는 능력이 다른 아동에 비해 뒤늦게 발달하는 경우가 많다고 보고하고 있다. 자폐 아동은 사람 그 자체보다는 사람의 표정이나 옷에 더 관심을 보이는 경우가 많다. 또 다른 사람과 눈을 맞춤으로써 다른 사람의 주의를 끌려는 행동을 잘 보이지 않는다.

아동이 성장하면서 사회적 관계를 형성하지 못하는 증상은 점차 나아질 수 있는데, 특히 아동이 매우 친숙한 환경에 있을 경우에는 비교적 다른 사람과 관계 형성을 잘하는 것을 발견할 수 있다. 다른 사람이 만지거나 안는 것에 대한 거부감도 나이가 듦에 따라 점차 사라지고 눈 맞춤을 잘하지 못하는 것도 사라질 수 있다.

일부 학자는 자폐 아동이 눈 맞춤을 잘하지 못하는 것이 단지 양적으로 눈 맞춤하는 시간이 짧은 것이 아니라 질적으로 정상 아동과 확연히 다르다는 점을 강조하면서, 눈 맞춤과 관련된 증상이 자폐 증상의 원인 규명에 활용될 수 있을 것이라고 주장하기도 한다. 그러나 아직까지 확실하게 밝혀진 것은 없다. 다만 확실한 것은, 눈 맞춤을 잘하지 못하는 증상이 자폐 증상을 보이는 모든 사람에게 나타나지는 않는다는 것이다.

자폐 아동은 다른 사람과의 신체적 접촉을 회피하는 증상을 보이는데, 일부 학자는 이러한 증상이 감각정보처리의 이상에 의해 발생하는 것이라고 주장하지만 확실하게 밝혀진 원인은 없다. 유아기에 사회적 관계 형성을 잘하지 못하는 것과 관련된 여러 증상은 나이가 들면서 점차 호전되기도 하지만, 또래와 관계 형성을 잘하지 못하는 증상은 시간이 지나도 나아지지 않는 경우가 흔하다.

사회적 관계를 잘 맺지 못하는 증상은 발달 시기에 여러 단계에서 나타날 수 있다. 그러나 다른 사람의 주의를 끄는 행동을 하지 못하고 사람들을 마치 물건처럼 다루며, 다른 사람과 상호작용을 하지 못하는 것은 자폐 아동의 매우 특징적인 행동들로서, 정서적 결핍 아동에게서 나타날 수 있는 유사한 증상들과는 심각성의 측면에서 질적으로 구분된다.

2) 의사소통 측면

자폐 아동은 언어적 의사소통과 비언어적 의사소통 모두에서 장애를 보인다. 이들은 정상적인 언어발달을 잘하지 못할 뿐만 아니라 몸짓, 표정 등을 사용하여 의사를 효과적으로 전달하는 데에도 장애를 보인다. 이러한 증상은 매우 어린 나이부터 나타나며, 좀 더 나이가 든 후에도 다른 사람들의 몸짓을 잘 이해하지 못한다. 또 사회적 모방도 하지 못해서 인사하기, 잼잼 놀이, 도리도리 놀이 등 비교적 매우 어린 시기에 어른의 몸짓을 흉내 내며 하는 놀이를 잘하지 못한다.

옹알이를 비정상적으로 하는 행동은 자폐 아동의 언어 발달 이상을 알려 주는 특징적인 증상이다. 그러나 아동의 초기 언어 발달에 대한 연구가 매우 적고, 몇몇 자폐 아동은 정상적인 옹알이 현상을 보이기도 하여 정상적인 옹알이와 비정상적인 옹알이를 구분하기가 매우 모호하다. 자폐 아동이 이처럼 비언어적 의사소통에서도 장애를 보이는 증상은 일반적으로 비언어적 행동을 통하여 자신의 소망을 잘 표현하는 발달적 언어 이상을 보이는 아동과는 구별되는 것으로서, 자폐 아동은 언어를 사용할 수 있는 경우에도 정상적인 방식으로 사회적 의사소통을 잘하지 못한다.

매우 드문 일이지만 몇몇 자폐 아동의 경우 지연된 언어 발달을 보이기도 한다. 보통 이러한 언어 발달의 지연은 언어 이해의 손상과 함께 나타나게 되는데, 매우 기능을 잘하는 자폐 아동도 어휘사용 능력은 우수하지만 언어 이해력이 떨어지는 경우가 많다. 따라서 다른 사람의 말을 문자 그대로 해석하는 경우가 많고, 미묘한 어감의 차이를 잘 이해하지 못하며, 어느 정도 기능을 잘하는 자폐 아동일지라도 이해력이 심하게 저하되어 있는 경우가 종종 있다.

자폐 아동은 특정 사회적 맥락에서 매우 간단한 지시가 행해졌을 경우에는 잘 이해하지만 맥락에서 벗어나면 지시를 잘 이해하지 못한다. 또 귀가 잘 안 들리는 아이들과는 달리 자폐 아동은 다른 사람의 몸짓도 거의 이해하지 못하고, 다른 사람의 표정을 잘못 이해하기도 하며, 다른 사람이 울 때 웃는 등 상황에 적절하지 않은 행동을 하는 경우도 있다.

자폐 증상을 지닌 아동들 중 약 50%가량이 적절한 말하기를 배우지 못한다. 또 자폐 증상을 지닌 아동들의 대다수는 지적 장애를 갖고 있고, 언어를 배우더라도 여러 가지 언어 발달의 이상을 나타낸다. 예를 들어, 타인이 말한 단어나 어절을 반복하는 반향어를 사용하기도 하고, 적절하지 못하게 갑자기 의미 없는 말을 생성하는 경우가 있으며, 사람을 지칭하는 대명사를 바꾸어 쓰는 경우도 종종 있다. 또 많은 자폐 아동은 앵무새처럼 몇 개의 어절을 반복적으로 이야기하기도 하고, 억양 없이 이야기를 하는가 하면, 의미 없는 질문을 끝없이 하기도 한다. 자폐 아동은 끊임없이 질문을 반복하여 주위 사람들을 화나게 만들지만, 이들이 실제로 답을 얻고 싶어서 질문을 하는지는 알기가 매우 어렵다.

자폐 아동에게서 흔히 나타나는 반향어가 매우 잘 발달된 경우에는 일상적인 관찰자들은 잘 눈치채지 못한다. 몇몇 자폐 아동은 언어 발달이 이루어져 언어로 의사소통을 하기도 하지만, 다른 사람이 한 질문을 반향적인 방식으로 반복하는 증상들은 남아 있는 경우가 많다. 특히 이러한 증상은 취약 X 염색체 이상 증상을 지닌 자폐 아동에게서 흔히 발견된다. 소수이기는 하지만 몇몇 자폐 아동은 다른 사람의 대화를 앵무새처럼 따라할 뿐만 아니라 다른 사람의 몸짓을 따라 하기도 한다.

말을 배우는 자폐 아동들 중에는 기계적인 기억력이 매우 뛰어나서 사람들의 대화를 녹음기처럼 정확하게 기억하기도 하지만, 단어의 의미를 추출하거나 문장의 의미를 이해하는 데는 어려움을 겪는 경우가 많다. 말을 할 수 없는 자폐 아동이 종종 정확하게 노래를 부르고 따라할 수 있는 경우도 있다. 또한 자폐 아동 중에는 자신의 엄격한 내적 기준에 따라 실제 사건을 다른 사람에게 이야기할 수 있는 아동도 있는데, 이들 역시 다른 사람들이 중간에 질문을 하면 제대로 대답하지 못한다.

매우 드물지만 다른 사람에게 자신의 생각이나 느낌을 이야기할 수 있는 자폐 아동도 있다. 그러나 이런 경우도 버스 여행이나 식사 등 매우 구체적인 주제에 관해서 처음부터 끝까지 매우 자세하게 묘사하고 기술할 수 있는 정도일 뿐, 같은 주제에 대한 간단한 질문에는 답을 할 수 없는 경우가 많다.

자폐 아동이 언어를 이해하는 능력이 매우 저하되어 있다는 사실은 자폐 아동을 이해하는 데 있어서 매우 중요하다. 기능을 잘하고 자신의 느낌이나 구체적인 주제에 대하여 이야기를 잘하는 자폐 아동일지라도 이해력이 손상된 경우가 종종 있다. 이들은 명사나 동사 등 매우 간단한 단어는 이해할 수 있을지라도 단어들이 특히 사회적 맥락에서 연속적으로 제시될 경우에는 잘 이해하지 못한다. 실용적인 대화 기술이 심하게 결핍되어 있는 것이다. 기능을 잘하는 자폐 아동은 같은 내용이라도 다른 사람이 말로 전달해 준 것보다는 글로 쓰여 있는 것을 더 잘 이해하였다. 또한 이들은 전반적인 언어 발달이 지연되는 것과 함께 문법 지식의 획득도 저하되어 있는 경우가 많다.

자폐 아동의 말에서는 내용뿐만 아니라 말을 하는 방식에 있어서도 독특한 특징이 발견된다. 예를 들면, 단음으로 띄엄띄엄 이야기하는 경우다. 다른 사람의 말을 따라하는 경우가 아닌 자발적으로 대화를 하는 경우에도 발음을 잘하지 못하는 경우가 종종 발생하며, 어조 없이 단조롭게 이야기하기도 한다.

많은 연구가 이루어지지는 않았으나 기능을 잘하는 자폐 아동의 경우 억양 없이 단조롭게 이야기하는 현상이 언어 영역에만 국한되어 나타나는 것이 아니라, 몸짓이나 손짓 등 비언어 영역에서도 매우 단조로운 몇몇 방식이 반복해서 나타나는 것을 볼 수 있다. 이는 기능을 잘하는 자폐 아동에게 매우 흔하게 나타나는 현상이므로 주의하여 살펴보아야 한다.

간혹 언어 발달이 정상적으로 이루어지다가 소멸되는 경우가 있지만, 대부분은 생애 초기부터 언어 기능에 심각한 장애를 보인다.

3) 행동적 측면

자폐 아동의 행동은 경직성, 상동성, 융통성 없음 등으로 특징지을 수 있다. 자폐 아동은 돌, 머리카락, 플라스틱 장난감, 금속 등 특정 물체나 물체의 일부분에 과도하게 집착하는 경향을 보이는 경우가 종종 있고 유리, 귀걸이, 목걸이 같은 빛나는 물체를 매우 좋아하기도 한다. 또 이들은 물체의 색깔이나 표면의 촉감 등 특별한 점에 주의가 끌리게 되면 그것을 직접 가지고 놀려고 하며, 다른 사람이 그 물건을 빼앗으려고 하면 매우 광폭한 상태가 되기도 한다. 장난감 차, 동전, 모빌, 녹음기 등 빙빙 돌거나 반복되는 물체들도 자폐 증상을 지닌 아동들이 매우 좋아하는 것들이다.

자폐 아동은 행동의 폭이 상당히 제한되어 있다. ICD-10의 경우, 자폐 아동의 행동은 일상생활 기능의 상당한 범위에서 경직되어 있고 단조롭다고 기술하고 있다. 몇몇 자폐 아동은 가구를 옮긴다거나 다른 옷을 입는다거나 심지어 책장 위의 책의 위치가 바뀌는 등의 사소한 변화에도 과도하게 반응하기도 한다.

자폐 증상을 지닌 사람은 연령에 관계없이 병리적일 정도로 매우 엄격하게 어떤 하나의 방식을 고수하는 경우가 있다. 한 예로 한 6세 자폐 아동은 아침식사 전에 어머니가 프라이팬을 레인지 위에 올려놓는 행동에 과도하게 집착하여 어머니가 이러한 행동을 보이지 않으면 아이는 비명을 지르고 아침을 먹지 않았다. 또 다른 7세 자폐 아동의 경우에는 아빠가 앉는 의자의 다리 하나가 식탁에서 약간 떨어져 있고 엄마가 식탁에 한쪽 팔을 올려놓은 경우에만 밥을 먹는다. 어떤 4세 자폐증 소녀는 엄마와 우체국에 갈 때 늘 가던 길이 아닌 다른 길로 가면 비명을 지르고 움직이지 않는다.

이처럼 환경의 어떤 변화가 자폐 증상을 지닌 사람에게 정서적 발작을 가져오는지에 대해서 예측하기는 거의 불가능하다. 하지만 일반적으로 매우 사소한 변화들이 큰 변화보다 더 큰 정서적 흥분과 발작 상태를 유발했다. 5살짜리 소년의 경우 책장의 한쪽 구석에 그동안 없던 책이 한 권 있는 것을 발견하고는 그 책을 빼내기까지 1시간 동안 줄곧 매우 심하게 울었다고 한다. 이 소년은 사소한 환경 변화에도 지나치게 민감한 반응을 보여 부모나 치료자를 매우 힘들게 하였는데, 막상 새로운 곳에 갔을 때는 아무 문제없이 행동하기도 하였다.

자폐 아동은 새로운 기술을 배울 수는 있지만 이를 다른 상황에 응용하거나 적용시키지 못하며, 매우 정형화되고 반복적인 놀이를 한다. 예를 들어, 전화기를 마루에 놓거나 코드의 앞뒤를 움직이는 놀이는 할 수 있지만 다른 아이들처럼 전화기에 대고 이야기하면서 놀지는 못하는 경우가 많다.

　자폐 아동이 상징놀이를 잘하지 못하지만, 자폐적이지 않으면서 발달적으로 지체된 아동에게서도 상징놀이는 뒤늦게 나타날 수 있기 때문에 진단에 상징놀이가 사용되는 경우에는 상당한 주의가 요구된다. 몇몇 자폐 아동의 경우 행동의 경직성과 반복성은 정형화되고 반복적인 언어와 함께 나타날 수 있다. 특정한 옷을 입거나 사물을 만지거나 점검하는 의례적 행동이 자폐 아동에서 흔히 발생할 수 있는데, 이것이 타인에 의하여 금지될 경우 아동은 불안해하거나 화를 낼 수 있다.

　이처럼 같은 것에 과도하게 집착하는 현상은 아동의 언어 기술에도 영향을 미쳐, 아동으로 하여금 특정 단어나 어구를 계속 반복적으로 사용하거나 같은 주제를 반복적으로 이야기하게 만들기도 한다. 또한 똑같은 대답만이 가능한 같은 질문을 반복적으로 하는 증상에도 영향을 끼칠 수 있다.

　자폐 아동은 그 밖에도 의식적이고 강박적인 다양한 행동을 보일 수 있다. 강박장애를 가진 사람들의 경우 그들의 의식적 행동이 비효율적이고 도움이 안 된다는 사실을 인식하고 다른 행동을 하도록 의식적으로 노력할 수 있지만, 자폐 아동은 자신이 보이는 여러 증상이 비효율적이고 도움이 안 된다는 사실을 알지 못한다. 그러나 강박장애로 진단받은 아동 중에서도 자신의 행동이 매우 비효율적이라는 것을 알지 못하는 아동이 많고 자폐증의 여러 증상을 함께 보이는 아동도 많다.

몇몇 학자는 손을 빙빙 돌리거나 발끝으로 걷는 등의 비교적 간단한 행동들을 정교한 의례행동에 포함시키기도 한다. 하지만 이런 행동이 자폐 아동에게 매우 흔하게 나타나는 증상일지라도, 대부분의 행동을 자폐증으로 진단 내리기 위해 필요한 규준으로 포함시키지는 않았다. 그러나 매우 기능이 저하된 자폐 아동의 경우 상동행동이 자폐증 진단을 내리는 데 필수적인 반복적 행동 패턴일 수 있다.

자폐증은 아니더라도 심하게 지체된 아동에게서 흔들기, 벽에 머리 부딪치기, 만지작거리기 등의 반복행동이 나타나기도 하는데, 이러한 경우 시각 기능과 청각 기능에 손상이 있는 경우가 많다고 한다.

4) 인지적 측면

대부분의 자폐 아동은 지적 장애를 동반하는 경우가 많다. 연구에 따라서 다소 차이는 있지만 자폐 아동의 65~85%가 지적 장애를 보이는 것으로 나타나고 있다. 그러나 지적 장애 여부에 관계없이 자폐 증상을 지닌 아동과 지니지 않은 아동의 인지적 기능에는 구별되는 특징이 있다는 것이 학자들의 공통된 의견이다.

자폐 아동이 보이는 인지적 이상은 매우 복잡하고 광범위한 형태로 나타난다. 몇몇 경우에서처럼 자폐 아동의 기억력은 매우 비상할 수 있으나, 이는 특수한 경우에 제한되어 있다. 시공간적 과제수행력에 있어서도 매우 우수할 수 있지만 상징화, 추상적 개념 이해하기, 이론적 개념 형성 등은 잘하지 못한다. 또한 기차나 지하철 역, 자동차의 모델명 외우기 등에 매우 집착할 수 있으나, 추상적이고 창조적인 사고는 잘하지 못한다.

최근 들어, 자폐 아동을 전통적인 심리측정 도구로 적절히 평가할 수 있는지에 대한 문제와 관련하여 자폐 아동에 대한 신경심리학적 연구들이 이루어지게 되었다. 특히 1980년대 이후로 자폐 아동에 대한 신경심리학적 접근법을 사용한 연구들이 활발하게 이루어지면서 인지적 이상에 대해 보다 폭넓은 연구가 이루어졌다.

자폐 아동이 여러 사회적 · 언어적 이상과 상징놀이를 잘하지 못하는 등의 증상을 보이는 것을 고려해 볼 때, 자폐 아동의 인지적 기능이 이들 증상과 밀접하게 관련되어 있음을 알 수 있다. 자폐 아동이 인지적 기능 이상을 먼저 보여서 사회적 기능 이상을 보이는 것인지, 아니면 사회적 기능 이상으로 인하여 인지적 기능 이상이 발생하는 것인지는 계속 논란의 대상이 되어 왔다. 그러나 신경심리학적 관점에서 보면 인지 기능은 뇌의 피질과 관련된 기능이고 사회적 기능은 뇌의 피질 하부 영역과 관련된 기능이기 때문에 어떤 기능이 보다 근본적인 결핍인지에 대한 논쟁은 그다지 의미가 없다.

인지적 손상은 상당히 포괄적인 용어로서, 여러 인지적 기능에 이상이 있음을 알려 준다. 자폐 아동이 보이는 인지적 손상을 다른 여러 지적 장애 아동이나 심리장애를 가진 아동의 인지적 손상과 비교해 볼 때 매우 독특한 모습을 보인다.

우선, 이들은 기계적인 기억력, 퍼즐 풀기 등의 시공간적 기술이나 예술 분야에서 뛰어난 재능을 발휘하는 경우가 종종 있다. 둘째, 최근 사건에 대한 기억력이 저하되어 있다. 특히 개방형 질문에 대해 과거의 사건을 회상하는 능력을 매우 저하되어 있다. 하지만 기억력의 문제가 순수한 기억 자체의 문제가 아닐 수도 있다. 셋째, 이들은 또래의 지적 장애 아동이나 정상 아동보다 사물의 구체적인 특징을 이용하여 구분하는 능력이 매우 우수할 수 있다. 그러나 형식적이고 추상적인 특징을 이용하여 구분하는 능력은 떨어진다. 문제를 해결하거나 이해하는 방식에서 자폐 아동이 보이는 사고의 경직성은 종종 평생 나타나고, 심지어는 지적 기능이 매우 우수한 자폐 아동에게서도 나타난다. 넷째, 지능검사상에서 자폐 아동의 경우 시공간적 능력은 매우 우수하게 나타나지만 언어와 관련된 하위검사나 직관이나 공감 능력과 관련된 하위검사에서는 매우 저조한 수행을 보인다.

이러한 특징을 보이는 자폐 아동의 인지적 기능은 우수한 지능 수준이 잠재해 있을 가능성을 제기하였다. 하지만 여러 연구에서 자폐 아동은 지능 수준이 비교적 낮고, 기계적 기억력이 우수할지라도 전반적인 지능 수준은 낮은 것으로 밝혀지고 있다.

자폐 아동이 보이는 인지적 손상은 여러 인지 기능에 각기 다른 영향을 미친다. 자폐 아동의 언어적 능력은 저조하며, 언어적인 생성 능력에 비하여 이해력이 많이 떨어진다. 하지만 전반적인 운동 기술이 떨어져도 몇몇 정교한 운동 기술은 발달되어 있을 수 있고, 기계적인 기억력이 우수한 경우도 있다. 지능검사를 실시하면 다음과 같은 패턴이 나타나는데, 자폐 아동은 웩슬러 지능검사의 하위검사 중 토막 짜기와 모양 맞추기에서 상대적으로 우수한 수행을 보이고, 이해 문제와 차례 맞추기에서 상대적으로 저조한 수행을 보이기도 한다.

자폐증을 지닌 많은 아동은 정보를 활용할 때 시간적 순서에 의존하기보다는 시공간적 정보에 더 많이 의존하고, 의미 있는 정보들을 정확하게 인식하지 못하는 것으로 나타나고 있다. 많은 자폐 아동의 경우 퍼즐은 매우 잘 맞추지만 그 의미를 알아차리지 못한다. 이러한 특징은 정상 아동이 문제를 해

결하기 위해 의미 단서를 추출하려고 하는 것과 매우 상반된다. 또 정상 아동이 여러 가지 단서를 활용하는 것과는 달리, 자폐 아동은 과제를 풀 때 한 가지 단서에만 치중하는 경향이 있다.

청소년기에서 성인기에 접어 든 몇몇 자폐 아동은 우수한 기계적 기억력, 음악적 재능, 우수한 수학 계산능력 등 특수한 능력을 보이는 경우가 있다.

자폐증에 대한 신경심리학적 연구들이 점차 다른 여러 인지 기능으로 확대되기 시작하였고, 정동 이론affective theory과 상위표상 이론meta representation theory 등이 대두되면서 활발한 연구가 이루어졌다.

정동 이론은 자폐증이 기본적으로 정동적 이상에 의해 발생한다는 것으로, 다른 사람의 신체적 표현에 반영되는 다양한 심리 상태를 지각하지 못하기 때문에 여러 자폐증적 증상이 생겨나며, 이러한 기본적인 정동적 이상이 사회적 관계 형성의 문제와 의사소통의 문제를 유발시킨다고 주장하고 있다. 이러한 주장을 입증하기 위하여 자폐 아동의 정서 인식에 대한 연구들이 많이 행해졌다. 그러나 몇몇 연구에서 자폐 아동도 애착행동과 눈 맞춤 등의 정서반응을 보였으며, 분노나 슬픔 등의 기본적인 정서를 발달시키는 경우도 많다는 사실들이 보고되고 있다.

　상위표상 이론에서는 사람들의 심리 상태에 대한 내용은 관찰되는 것이 아니라 추론되는 것이고, 자폐 아동의 경우 이러한 심리 상태를 추론하지 못하기 때문에 이상을 보인다고 설명하고 있다. 정상 아동의 경우 생후 1년 정도부터 다른 사람의 심리 상태를 추론하기 시작하며, 4세가 되면 어느 정도 상대방의 심리 상태를 추론할 수 있게 된다. 그러나 자폐 아동의 경우 이러한 정상적인 발달과정을 보이지 않으므로 이러한 특성이 자폐증의 기본적인 심리 특성이라고 기술하고 있다. 즉, 자폐 아동이 보이는 행동적 증상의 기제에는 다른 사람의 심리적 상태를 이해하지 못하는 공감 능력의 부재가 있으며, 이러한 공감 능력의 부족으로 인하여 다른 사람과 상호작용을 잘하지 못하는 증상들이 생겨난다고 보았다.

　다른 사람의 행동이 목적과 의도에 의해 행해진 것임을 알지 못한다면 상대를 이해하지 못할 것이다. 또한 언어가 서로의 마음을 전달하는 도구라는 사실을 이해하지 못한다면 언어를 모방할 수는 있어도 의사소통 도구로 사용하지는 못할 것이다. 이러한 공감 능력의 부족은 사회적 상호작용의 문제와 의사소통의 문제뿐만 아니라 창조적인 상상 능력의 부재를 유발시킬 수도 있다.

　다른 사람에 대한 공감 능력의 부족은 기억력이나 시공간적 분석 능력 등에는 영향을 끼치지 않기 때문에 자폐 증상을 지닌 사람이 기억력, 토막 짜기 검사, 퍼즐 등에서 비교적 우수한 수행을 보일 수 있게 되는 것이다. 즉, 자폐 아동은 다른 사람의 소망, 믿음, 생각 등을 아는 것과 관련해서는 매우 중요한 특정 영역에서 손상을 보이지만, 이러한 능력이 요구되지 않는 영역의 기능들은 비교적 온전히 유지되고 있는 경우가 많다.

또한 상위표상 이론은 아동의 지능지수에 따라, 그리고 나이가 듦에 따라 발달적 변화를 보이는 것을 설명할 수 있다. 일차적인 신념 귀인예: 나는 그가 생각한다고 생각한다이 안 되는 경우는 자폐증이 매우 심각하여 증상의 호전을 거의 보이지 않는 아동이고, 이차적인 신념 귀인예: 나는 그녀가 생각하는 것을 그가 생각하고 있다고 생각한다이 안 되는 것은 자폐 증상의 호전을 보이며 기능을 잘하는 아동의 경우에 해당될 수 있다.

5) 감각반응의 독특성

자폐 아동에게 흔하게 나타나는 대표적인 증상들 중 하나는 감각자극에 대한 반응의 독특성으로, 특히 소리에 대한 반응이 가장 대표적이다. 자폐증의 전형적인 증상을 보이는 아동은 매우 어렸을 때부터 감각자극에 독특한 반응을 보인다. 이를테면, 바로 옆에서 나는 매우 큰 폭발음에는 마치 귀가 안

들리는 것처럼 아무런 반응도 보이지 않다가 초콜릿 포장지를 벗기는 소리에는 민감하게 반응을 한다. 오히려 다른 사람들이 반응을 보이는 일정 수준의 소음에 반응을 보이지 않는 것이다. 또 특정 소리에는 반응을 보이지 않는 행동 특성을 보일 수 있고, 매우 다양한 소리나 빛에 반응을 보일 수도 있다.

고통, 뜨거움, 차가움 등에 과도하게 민감해지거나 둔감해지는 현상이 자폐 아동에게서 종종 발견된다. 예를 들어, 어떤 아동은 자신의 손등을 무는 데서 쾌감을 얻는 것처럼 보이기도 한다. 다른 사람이 자신을 가볍게 만지거나 안으면 매우 요란스럽게 반응을 하지만, 거칠게 안으면 얌전히 있는 경우도 있다. 또 어떤 아동은 여러 시간 동안 단지 좀 특이한 표면을 만지거나 느끼는 것에 기쁨을 느끼기도 한다.

7세의 한 소년은 어머니가 요리하는 것을 도와주고 있다가 손을 오븐 안에 넣었으나 손이 타는 냄새가 날 때까지 그 사실을 알지 못하였다. 결국 소년은 손에 심각한 부상을 입었다. 하지만 소년은 화상으로부터 고통을 느끼지는 않은 듯이 보였다. 9세의 또 다른 소년은 매우 추운 날 아침 일찍 일어나 옷을 입지 않은 채로 바깥에서 한 시간가량 있었지만 전혀 추위를 느끼지 않았다.

시각 자극에 대한 반응의 독특성도 자폐 아동에게서 많이 나타나는 증상이다. 이들은 종종 다른 사람에게 자신이 보고 있는 사물을 인식하지 못하는 듯한 인상을 준다. 이로 인해 때때로 시각에 문제가 있는 것으로 오해를 받기도 한다. 그러나 어떤 아동은 오히려 시각 체계의 발달이 지연되어 자폐증으로 오인되기도 하므로 시각 자극에 대한 반응의 독특성은 주의 깊게 살펴보아야 한다. 사회적 관계형성을 잘하지 못하는 것과 관련되어 언급되는 눈 맞춤을 잘하지 못하는 증상도 지각 반응의 이상과 관련지어 연구되기도 한다.

자폐 아동은 때때로 사람이나 물체의 냄새를 맡는 것을 좋아하기도 한다. 그러나 이러한 증상은 자폐 증상이 없는 지적장애 아동이나 정상적으로 발달하는 아동에게서도 종종 나타난다.

대부분의 자폐 아동은 청각과 촉각보다 고차적인 신경계의 조직을 필요로 한다. 시각자극이나 후각자극의 지각보다는 청각자극과 촉각자극에 대한 지각의 이상이 더 심하다. 시각 감각과 후각감각에 대한 특이한 반응들은 비록 자폐증의 진단기준에는 포함되지 않지만 매우 흔하게 나타나는 주요 증상 중 하나이므로 자폐 아동을 관찰할 때 주의 깊게 살펴보아야 한다.

6) 기타 주요 증상

과잉행동, 파괴적 행동, 심한 떼쓰기 등의 행동이 명백한 이유 없이 자폐 아동에게 종종 나타나는 경우가 있다. 특히 과잉행동은 과소행동과 교대로 나타나기도 하며, 팔을 물거나 벽에 머리를 부딪치는 것과 같은 자기파괴적인 행동이 일어나기도 한다. 수면 이상, 공포증, 오줌 지리기, 충동적 행동 등도 흔하게 발생한다.

이러한 행동이 자폐 아동에게만 일어나는 것은 아니지만, 자폐 아동은 의사소통이 어렵기 때문에 이러한 행동을 보일 경우 다루기가 훨씬 어렵다. 자기파괴적인 행동은 지적 장애 아동에게서도 흔히 나타나는 증상으로, 대부분 지능이 매우 낮은 아동에게서 자기파괴적인 행동이 높게 나타나는 경향이 있다.

수면 문제도 자폐 아동에게 자주 나타나는 증상이다. 이들은 모두가 잠들어 있을 때 울어서 가족들을 깨우는 경우가 종종 있으며, 이러한 증상은 어른이 되어서도 나타날 수 있다. 또 자폐 증상을 가진 사람은 주로 밤에 장시간 깨어 있는 경우가 많다.

자폐 아동은 대부분 먹는 것에 매우 집착하고, 씹기와 관련된 문제를 가지고 있으며, 부드러운 음식보다는 딱딱한 음식

을 더 선호한다. 또 여러 질병에 잘 이환되어 감염증, 열성 경
련, 변비 등의 증상을 발생시키는 경우가 종종 있다. ◆

5. 자폐증의 경과

1) 전반적인 자폐증의 경과

자폐 증상을 가졌거나 자폐증으로 발전할 가능성을 가진 유아를 감별하기 위해서는 매우 어린 시절부터 의학적인 조사와 세심한 관찰이 이루어져야 한다. 자폐증은 여러 증상의 복합체이기 때문에 특정 징후나 증상으로 감별할 수는 없다. 하지만 여러 증상이 매우 어릴 때부터 복합적으로 나타난다면 부모가 쉽게 이상을 발견할 수 있다. 실제로 상당수의 자폐 아동 부모는 자녀가 아기였을 때부터 아이들에게서 이상한 점을 발견하였다고 한다.

자폐증의 초기 증상에 대한 연구들은 매우 적은 편이고 생애 초기 증상들을 관찰한 연구도 많지 않다. 다만, 여러 연구에서 보호자들이 자발성의 부족, 과잉행동, 수면 문제, 특이한 섭식행동 등에서 아동의 특이성과 비정상적인 측면을 발견하고 주목하게 되었다는 점이 밝혀지고 있다.

길버그Gillberg를 비롯한 학자들은 자폐 아동의 과거력과 현재 상태를 조사하고 앞으로의 증상 발현을 추적해서 일련의 연구를 실시하였다. 자녀의 증상에 대한 질문지 연구를 통해, 자폐 증상을 지닌 아동은 정상 아동에 비해 전반적인 발달 수준 및 언어 발달이 늦다는 점을 밝혀냈다.

이들의 연구에서 흥미로운 점은 보통 자폐 아동의 전형적인 증상들이라고 알려진 빙빙 도는 물건을 좋아하고, 발끝으로 걸으며, 반복적으로 불을 껐다 켜고, 다른 사람의 무릎에 앉는 것을 싫어하며, 일상적인 것의 변화를 싫어하고, 흐르는 물을 보는 것을 좋아하는 등의 증상이 지적 장애 아동과 자폐 아동, 정상 아동을 구분짓지 못했다는 것이다. 이들은 지속적인 연구를 통하여 유아기에 자폐 증상의 징후를 보인 아동들은 특히 지적 장애인 경우에 비교적 일찍 진단이 내려질 수 있고, 생후 2년 이내에 자폐 증상을 보인 아동들의 약 1/4 가량이 후에 다른 발달적 문제를 보였으며, 드물기는 하지만 정상적으로 자라나는 경우도 있다는 것을 보여 주었다.

전반적인 발달지체 현상은 자폐 아동과 지적 장애 아동에게서 공통적으로 나타나는 증상이다. 그리고 아동기에 발현된 소아정신분열증 환자와 유아기에 증상이 나타난 자폐 아동의 경우 여러 증상적 유사점이 나타나기도 한다.

자폐 아동의 어린 시절에 대한 연구에 따르면, 눈 맞춤을 잘하지 못하는 증상은 가장 보편적으로 나타나는 증상이며 대략 생후 1개월에서 8개월 사이에 나타난다고 한다. 자폐 아동의 어머니는 생후 1년 정도에 자녀가 소리에 대해 이상한 반응을 나타내는 것에 주목하였지만, 어머니가 만지는 것에 대한 거부감 등은 자폐증만의 특징적인 증상으로 발견되지는 않았다. 기능을 잘하는 자폐 아동에게서는 유아기에 나타날 수 있는 이러한 이상이 전혀 보이지 않은 경우도 많았다.

감각자극에 대한 특이한 반응은 유아기에 나타나는 자폐 증상 중 가장 특징적인 증상이다. 비정상적인 지각반응 외에 놀이를 잘하지 않고 혼자 있기를 좋아하는 경향도 이들에게서 흔하게 발견되는 증상이다. 자폐증의 비교적 초기 증상으로 알려진 비정상적인 옹알이 현상은 아직까지는 상세하게 보고되고 있지 않다.

자폐 아동의 약 75%가량이 생후 18개월에서 30개월 사이에 이미 여러 자폐 증상과 징후를 나타내는 것으로 알려졌다. 그러나 자폐증의 발병 시기는 매우 다양하고 또 원인도 아직 명확하지 않다.

자폐 증상을 보이는 아기는 외부자극에 반응을 보이지 않고 미소를 짓지 않는다. 또한 다른 아이처럼 부모에게 안기기

를 바라지도 않고 부모로 하여금 안고 싶다는 생각을 유발시
키지도 않는다. 소리에 대해 이상한 반응을 하는 증상은 생후
약 6개월 무렵에 나타나기 시작하는데, 가까운 가족을 제외한
사람들은 자폐 아동의 청각 기능에 이상이 있다고 생각하기
쉽다. 잠도 잘 자지 못하고 어른들의 주의를 끄는 행동을 잘
하지 않으며, 엄마의 젖이나 젖병을 빠는 데 어려움을 보여 잘
먹지도 못한다.

생후 1년쯤 되면 아기들의 자발성 부족과 주변 환경에 관심
이 없는 증상이 부모의 관심을 끌게 된다. 이들은 또래 아이들
이 보이는, 시야에서 물건이 사라질 때 찾으려는 행동을 보이
지 않는다. 또한 다른 아이와 유사한 주의 행동을 보이지 않으
며, 손가락으로 물건을 가리키는 행동을 다른 아이보다 여러
해 늦게 시작한다. 그리고 다른 사람의 말이나 행동을 잘 이해
하지 못하기 때문에 다른 사람이 자신과 다르게 행동하고 느
낄 수 있다는 것을 이해하지 못할 수 있다.

자폐 아동을 가진 부모가 가지는 의문 중 하나는 과연 자폐
아동이 자라게 되면 어떤 일이 발생할까 하는 것이다. 자폐 아
동의 학교생활과 증상의 변화는 어떠한지, 또 청소년기에도
다양한 자폐 증상이 나타나는데 어른도 자폐증일 수 있는지
등의 궁금증을 가지고 있다. 물론 어른도 자폐증일 수 있다.
그러나 자폐 증상이 명확히 기술된 지 40년 정도밖에 되지 않

자폐증을 감별할 수 있는 증상(생후 10~18개월)

엄마에게 다음의 질문을 하여 아기들이 어떤 증상을 보이는지 확인한다.

1. 아기가 눈 맞춤을 정상적으로 한다고 생각하십니까?
2. 아기가 정상적으로 듣는다고 생각하십니까? 혹시 특이한 소리에만 반응을 하지는 않습니까?
3. 아기가 잘 먹지 않거나 혹은 수유와 관련된 문제가 있습니까? 있다면 어떤 문제입니까?
4. 다른 사람이 안거나 가까이 하는 것에 대하여 아이가 편안해합니까?
5. 사람들이 안는 것을 싫어하지는 않습니까?
6. 주변환경에 관심을 보입니까?
7. 상황에 적절치 못하게 미소 짓거나 웃습니까?
8. 혼자 있는 것을 더 좋아합니까?
9. 일반적으로 자녀가 다른 아이와 비슷합니까?

다음의 특징을 좀 더 체계적으로 조사할 수 있다.

1. 상동적인 손동작들(손의 자세나 손의 움직임을 포함)
2. 눈 맞춤을 피하는 것
3. 뻣뻣하고 이상한 응시
4. 신체접촉의 거부
5. 갑작스러운 매우 큰 소음에 반응하지 않거나 혹은 매우 특이한 반응을 함
6. 주변에 관심이 없음

앉기 때문에 자폐 아동이 자라면서 어떤 변화를 겪는지에 대
해서는 아직 완전히 밝혀지지 않았다.

2) 시기별 자폐증의 경과

자폐증은 다른 발달장애와 마찬가지로 연령이 증가함에 따
라 매우 다양한 증상을 보이기 때문에 유사한 자폐증적 증상
을 지닌 아동일지라도 나이가 듦에 따라 매우 다양한 증상을
보일 수 있음에 주의하여야 한다. 생후 18개월 무렵에는 매우
유사한 증상을 보이던 아이가 10세 무렵에는 매우 다른 증상
을 보이기도 한다. 따라서 정확한 진단을 하기 위해서는 증상
을 정확히 관찰하는 것이 매우 중요하다.

특히 정확히 관찰하지 못하면 몇 년이 지난 후에는 과연 아
이가 자폐 증상을 가지고 있었는지를 알지 못할 수도 있다. 임
상장면에서 5세 무렵에는 캐너가 기술한 자폐증의 여러 증상
을 모두 가지고 있었으나, 10년 후에는 언어 발달이 특이하기
는 하였지만 또래 아이와 별다른 차이가 나지 않는 아이를 관
찰할 수도 있었다. 이런 아이의 경우 7세에서 8세가 될 무렵부
터 주위 사람들은 아이가 자폐 증상을 가지고 있었는지 아닌
지를 잘 구분하지 못한다.

(1) 학령전기

2세에서 6세의 시기에 전형적인 자폐 행동의 특징이라고 알려진 여러 증상이 명확히 드러난다. 캐너에 의해 처음으로 자폐 증상이 기술된 아동도 이 시기의 아동이었고, 여러 다양한 캐너 증후군이라고 알려진 증상들이 대부분 이 시기의 아동에게서 나타난다.

자폐 아동은 취학전 시기가 되었을 때 돌보기가 가장 어려운 경우가 많다. 동일한 것을 추구하는 행동이 가장 심해지는 시기도 보통 이때이고, 점차 혼자 행동할 수 있게 되면서 여러 가지 반복적인 행동이나 파괴적인 행동에 몰두하게 되는 시기도 이때다. 일부 아동은 특정 물체에 너무 집착하여 부모가 그것을 치우면 심하게 좌절하고 과격해지며 자기파괴적인 행동을 보이기도 한다.

정상 아동은 2세쯤 되면 의사소통방식을 배우기 시작하고, 말을 하며, 주위의 다른 어린이들에게 관심을 보이기 시작하지만 자폐 증상을 지닌 아동은 이러한 모습을 보이지 않아 대부분의 부모는 자신의 아이가 이상하다는 것을 알아차리게 된다. 이 시기가 되면 보통 동생이 태어나게 되는데, 일부 학자는 이 시기에 나타나는 자폐 증상이 출생과 관련된 심리적 외상 경험에 의해 발생한다고 보기도 한다.

그러나 아동의 증상 발생을 자세히 살펴보면, 이들은 이미 더 어린 시절부터 다른 아동들과는 다른 특징들을 보이고 주위의 정상 아동이나 다른 형제들과의 비교가 용이해지면서 이러한 증상들이 더 두드러져 보인다는 사실이 밝혀지고 있다. 몇몇 사례를 통해 아동들이 정상적인 발달을 보이다가 생후 18~30개월 사이에 여러 자폐 증상을 보인다고 보고되기도 하였다.

캐너가 처음 기술한 것처럼, 자폐 아동의 사회적 행동은 취학 연령이 되면서 점차 변화한다. 조현병 환자는 주위 세계와 단절되는 방식을 통하여 자신의 문제를 해결하고자 하지만, 자폐 아동은 자신의 주의를 주변 세계로 확장시킨다. 취학 시기가 가까워지면서 자폐 아동은 다른 아이들과의 만남을 매우 회피하게 된다. 거의 모든 자폐 아동이 이러한 자폐적 철수 autistic withdrawal를 보이고 또래와 만날 때 매우 당황하는 모습을 보인다. 간혹 이들은 다른 아이들과 가까이 지내고 싶어 하고 함께 놀려고 하는 모습을 보이기도 하지만, 다른 사람들과 교류하려는 욕구가 있을지라도 어떤 방식으로 해야 하는지를 알지 못하여 잘하지 못하는 경우가 많다.

자폐 아동은 점차 나이가 들면서 일정 정도 사회적 관계를 획득하는 경향성을 보여, 다른 아동들과 함께 노는 데 익숙해지려 하거나 혹은 어른들과 특이하기는 하지만 애착관계를 형성하기도 한다. 특히 지능이 높은 자폐 아동일수록 비록 정상 아동과는 다른 형태이지만 수동적인 모습에서 점차 능동적으로 사회적 관계를 형성하려고 노력한다.

캐너는 취학 시기가 다가오면서 반향어가 점차 자발적인 대화로 대체된다고 기술하였으나, 현재 말을 할 수 있는 자폐 아동들 중 상당수가 반향어 증상을 계속해서 보인다고 한다. 또한 취학 연령이 되면서 전체 자폐 아동들 중 약 50%가량이 언어를 사용하는데, 비교적 우수한 아동들이 언어 발달을 보인다. 그러나 이들이 주로 다른 사람들과 함께 대화를 한다기보다는 일방적으로 이야기하는 경우가 많고, 여전히 다른 사람들의 말을 이해하지 못하는 듯이 보인다.

일반적으로 언어의 습득은 처음에는 다른 사람의 말에 점차 관심을 기울이는 것에서 시작하여 언어이해 능력의 향상으로 이어진다. 지적 장애가 심하지 않거나 지적 장애가 없는 자폐 아동은 언어를 습득하여 학교 공부에 적응하는 경우가 많다. 그러나 이들 역시 글을 이해하는 데는 약간의 어려움을 가지고 있으며, 사회로부터 얻은 정보를 통합해야 하는 공부에는 취약한 모습을 보인다. 그리고 비록 말을 할 수 있고 이해력이 향상되어 학교 공부를 하는 데 별 문제가 없는 것처럼 보일지라도 여러 행동 증상과 적절한 사회적 판단 능력이 결여되어 있기 때문에 많은 수의 자폐 아동이 특수학급에서 교육을 받게 된다.

(2) 학령기

학교에 입학하면 어린 시절에 나타났던 행동상의 문제들이 점차 사라지는 경향이 나타난다. 극단적으로 다른 사람과의 만남을 회피하는 증상도 점차 사라지게 되고 다른 아동들과 교류를 하기도 한다. 그러나 자폐 아동의 약 1/3 정도는 이 시기에도 극단적으로 혼자 있으려고 하는 경향을 보인다.

비록 이 시기의 자폐 아동은 또래 아이들과의 만남을 더 이상 회피하지 않고 어느 정도 잘 지내기는 하지만, 그 나이에 적절한 사회적 관계 형성 능력을 보이는 것은 아니다. 또한 다른 사람의 기대와 요구에 점차 적응하는 모습을 보이고 얌전히 지내지만, 의례적인 행동과 강박적 행동은 이 시기에도 종종 나타난다. 변화를 싫어하고 어떤 물체나 한 가지 일에 집착하는 행동은 아동기를 거쳐 청소년기와 성인기에 이르러서까지 지속된다. 또한 취학전 아동에게서 자주 나타나던 과잉행동도 학교생활의 초기 단계에도 어느 정도 나타난다.

이 시기에 보이는 언어적 발달의 정도는 자폐 아동의 예후에 영향을 미치는 가장 중요한 요인이다. 3세경에는 유사한 수준의 행동 이상을 보이는 자폐 아동일지라도 7세 무렵에는 여전히 이상한 행동을 보이며 말을 배우지 못하는 경우도 있고, 반면에 어느 정도 언어 능력을 획득하여 학교생활을 유지할 수 있는 증상의 호전을 보이기도 한다.

학교에 입학하면 전반적으로 자폐 아동이 보이던 과잉행동과 과도한 떼쓰기의 발생 빈도는 점차 줄어든다. 하지만 이것은 비교적 아동의 자폐 증상을 조기에 진단하여 적절한 치료가 행해졌을 경우이고, 아이가 왜 이러한 증상을 보이는지 모르는 부모는 매우 혼란스러운 생활을 하기도 한다. 조기에 진단을 받고 적절한 치료를 받은 아동의 부모는 그렇지 않은 부모보다 자신의 아이를 다루는 방식을 보다 잘 배우게 된다.

아이가 잠을 잘 이루지 못하는 수면 문제에 있어서도 점차 나아지게 된다. 일부 자폐 아동은 여전히 잠을 잘 자려 하지 않지만 수면 이상 패턴이 나아지지 않았다 하더라도 아이가 혼자서 지낼 수 있게 되면서 가족들이 겪는 어려움은 많이 줄어든다.

(3) 청소년기

사춘기는 질풍노도의 시기로 불리고 있을 만큼 신체적 · 정신적 변화를 많이 겪는 시기다. 그러나 이 시기에 자폐 아동이 어떤 문제를 겪는지에 대해서는 많이 다루어지지 않았다. 최근 연구결과에 따르면, 자폐 아동은 사춘기 시기가 매우 중요하다고 말한다. 간질, 행동의 퇴행, 공격 증상, 기타 심리장애 증상들이 사춘기의 자폐 아동에게서 많이 보고되었다.

소수는 사춘기가 되면서 증상이 뚜렷하게 호전되기도 하는 데, 이 시기에 증상이 향상된 자폐 아동은 성인이 되어서도 상당히 잘 기능한다. 이들은 대부분 학교에 다니기 시작하면서 발달상의 호전을 보인 경우가 많다. 그러나 자폐 아동의 약 10~35%가량이 청소년기에 심각한 행동적·인지적 퇴행 현상을 나타낸다. 이러한 퇴행 현상은 행동상의 퇴행으로 나타나기도 하고, 매우 어린 시절에 나타나던 여러 증상이 다시 생겨나기도 한다. 퇴행 현상은 여아에게서 더 많이 보고되는데, 일단 퇴행 현상이 일어나면 이후에 증상이 호전되는 경우는 거의 없다.

사춘기가 시작되면서 몇몇 자폐 아동은 자기파괴적 행동, 공격행동, 과잉행동과 같은 다양한 공격적인 증상을 보이기도 한다. 이러한 공격적인 증상은 자폐 아동의 약 절반 정도에서 보고되고 있으며, 심한 공격행동을 보이는 자폐 아동 중 약 절반 정도가 퇴행 증상을 보인다. 공격행동은 일부 자폐 아동의 경우 점차 나아지다가 다시 악화되기도 하는데, 이는 정서장애의 가족력을 가지고 있는 자폐 아동에게서 더 빈번하게 발생한다.

신체적 변화, 성적 충동 등 사춘기에 겪을 수 있는 많은 새로운 변화는 일부 자폐 아동에게 노출증이나 공공장소에서의 자위행위 및 여러 성적 문제를 발생시킬 수 있다. 이들은 신체적 성장에 의해 발생하는 성적 욕구 등과 관련하여 적절한 사회적 지식을 획득할 수 없기 때문에 때때로 심각한 문제를 발생시켜 가족을 당황하게 만들기도 한다. 자폐 아동이 보이는 성적 일탈행동은 단순히 쾌감을 얻기 위한 것이며, 사회적으로 어떤 행동들이 받아들여지는지에 대한 지식이 없기 때문에 사회적 일탈행위로 보이는 경우가 많다. 특히 이러한 문제들은 지능이 낮은 자폐 아동에게서 더 빈번히 발생한다. 이때에는 아동들에게 만족감을 경험할 수 있는 다른 행동을 가르침으로써 성적 일탈행동의 발생 빈도를 낮출 수 있다.

한편으로 이들은 성적 도덕감에 대한 인식이 없고, 자신이 이용당하고 있다는 것을 인식하지 못하기 때문에 다른 사람들의 성적 쾌감을 위한 희생물이 되기도 한다. 자폐 아동이 보이는 성적인 문제를 다루기 위해서는 감정적으로 접근하기보다는 일관성 있게 접근해야 한다.

자폐 아동에게서 나타나는 신체적 특징들도 사춘기가 되면서 변화한다. 이들은 사춘기에 이르러 자신이 다른 사람과 상당히 다르다는 것을 인식하게 되면 사회적 단절에서 오는 고통을 느끼고 다른 사람과 친밀해지려고 노력하지만, 왜 자신이 다른 사람과 잘 어울리지 못하는지를 이해하지 못하기 때문에 상당히 좌절감을 느껴 우울 증상을 보이기도 한다. 이러한 경향은 특히 기능을 잘하는 자폐 아동에게서 더 심하게 나타난다.

또 정서장애의 가족력이 있는 자폐 아동도 사춘기가 되면서 우울 증상을 나타내기도 한다. 이 경우 사회적 관계를 잘 형성하도록 가르치는 것이 자폐 아동의 우울 증상을 경감시키고 보다 나은 사회적 관계를 획득하게 하는 데 도움을 줄 수 있다. 자폐 아동의 우울 증상을 치료하기 위해 행해지는 역할 놀이나 지속적으로 대처방식을 가르쳐 주는 체계적인 훈련들은 부족한 사회적 상호작용과 대화 능력을 향상시키는 데 도움을 준다. 그리고 이들에게는 개별적인 심리치료가 매우 필요하다.

자폐 아동이 사춘기에 이르러 겪을 수 있는 또 하나의 어려움은 발작 가능성이다. 아동기에는 발작 증세를 보이지 않았던 자폐 아동도 사춘기가 되면 발작 증세를 보이는 경우가 많다. 자폐 아동의 약 20~30%가량이 청소년기에 이르러 간질 증세를 보이는데, 대략 11세에서 14세 사이에 이런 증상을 많이 일으킨다. 이것은 이 시기에 이르러 발작 증상이 점차 줄어드는 다른 아동기 장애집단과 매우 대조되는 현상이다. 특히 청소년기에 일어나는 간질발작은 지능이 낮은 아동에게서, 그리고 남아보다는 여아에게서 더 많이 발생하는 경향성이 있다. 이러한 발작 증상이 신경학적 이상과 어떤 관련성을 가지는지에 대해서는 아직 명확히 밝혀진 것은 없다.

자폐 아동에게 남아 있던 과잉행동은 청소년기에 접어들면서 점차 사라진다. 그리고 행동이 매우 줄어들어 아무 일도 안 하고 그냥 앉아서 시간을 보내는 경우가 많아진다. 이렇게 행동이 눈에 띄게 줄어들면서 체중이 증가하여 극단적인 운동지체 현상을 보이기도 한다.

청소년기에도 자폐 아동의 언어습득이 극적으로 변화되지는 않지만, 자신의 생각이나 느낌을 표현하고 다른 사람의 말을 이해하는 능력은 점차 향상된다.

(4) 성인기

많은 연구가 이루어지지는 않았지만 자폐 아동이 성인이 되면서 겪는 변화에 대한 연구들에서 자폐 아동의 약 절반 정도가 보호시설에 있고, 약 2/3가량은 독립적인 생활을 수행할 수 없는 것으로 나타났다. 그리고 약 15~20%가량만이 직업을 가지고 있는 것으로 나타났다. 하지만 자폐 아동은 확실히 나이가 들면서 사회적 기술이나 다른 사람들과의 관계형성에서 조금씩 나아지는 모습을 보였다. 한 연구에서는 자폐 아동의 14%가 성인기에 이르러 사회적 관계 형성에 문제를 보이지 않는 것으로 보고되기도 하였다.

그러나 사회적 관계 형성 능력이 향상되더라도 지적 기능이나 언어 기능이 함께 향상되는 것은 아니다. 이들은 정서적으로 냉담하고 공감 능력이 결여되어 있으며, 다른 사람들과 함께 있지 않으려는 경향성을 보이고, 사회생활이 매우 제한되어 있으며, 친구들을 사귀는 데 어려움을 겪는 경우가 종종 있다. 그리고 이성관계도 잘 맺지 못한다. 일반적으로 혼자 독립적으로 생활할 수 있는 능력도 같은 나이의 정상인에 비해 약간 뒤처지는 경우가 종종 발견된다.

비록 의례적이고 강박적인 행동들은 나이가 들면서 점차 사라질지라도 여전히 같은 질문을 여러 번 반복하는 강박적인 언어습관이 기능을 잘하는 자폐 증상을 지닌 성인에게서 종종 발견된다. 이들에게 나타나는 연상의 이완, 특정 주제에 집착한 언어 사용의 경직성 등은 조현병 환자에게서 발견되는 증상들과 유사하다.

한편, 이들은 추상적인 개념을 잘 이해하지 못하고 반복적이고 기계적으로 반향적인 어구를 사용하는 등의 언어적 이상을 계속해서 보이기도 한다. 럼지Rumsey는 평균 연령이 28세인 자폐증 성인 14명을 대상으로 연구를 수행하였다. 연구 결과, 이들 중 7명이 캐너가 기술한 진단기준에 해당되고, 12명의 지능이 평균 수준에 해당하는 등 비교적 기능을 잘하는 집단임에도 사회적 관계에서 어려움을 보였고, 구체적인 사고와 상동적이고 반복적인 행동이 특징적으로 나타났다.

윙Wing은 아동기에 자폐증 진단을 받은 어른들을 대상으로 한 연구에서 이들을 외톨이 집단aloof group, 수동적 집단passive group, 능동적이지만 기이한 집단active but odd group의 세 집단으로 구분하였다.

외톨이 집단은 자폐증적 회피 증상을 많이 보이는 집단으로서, 혼자 있는 것을 좋아해서 다른 사람들과의 만남을 회피한다. 이러한 회피 증세가 매우 명확하게 나타나는 것은 아니지만 직장에서도 다른 사람들과 잘 교류하지 않고, 자신의 방에만 있으려고 하는 경향을 보인다. 혼자 있는 것을 방해받으면 상대방에게 공격적인 행동을 하기도 하고, 다른 사람이 자기 혼자만의 공간에 들어오더라도 처음에는 잘 알아차리지 못하기도 한다. 그리고 다른 사람들과 교류가 많은 일을 해야 할 경우에는 심각한 문제를 발생시키기도 하지만, 대부분 혼자 조용히 지내는 경우가 많다. 그러나 이들의 이러한 경향성에 개입하지 않고 계속해서 혼자 지내게 하면 이미 획득된 행동들이 퇴행하는 경우도 발생한다.

수동적 집단의 구성원들은 언뜻 보기에는 외톨이 집단의 구성원들과 비슷하다. 그러나 이들은 낯선 사람이든 낯익은 사람이든 간에 똑같은 방식으로 대하는 경우가 많고, 아주 친밀한 사회적 상호관계를 요구하지 않는 사회적 활동 시에는 비교적 자동화된 기술을 사용하여 어느 정도 사회활동에 참여한다. 또 어느 정도 독립적인 생활을 영위할 수도 있다. 그러나 이들이 추구하는 원칙이 방해를 받으면 극단적으로 저항하기도 하는데, 이러한 특성은 자폐 증상을 지닌 모든 사람에게서 볼 수 있다.

능동적이지만 기이한 집단 유형은 다루기가 매우 어렵다. 이들은 언뜻 보기에는 앞의 두 집단과 매우 다른 것처럼 보이지만, 사회적 상호작용을 할 수 없다는 점에서는 두 집단과 유사하다. 이들은 다른 사람들과 신체적 접촉을 계속하려고 하고 끊임없이 반복되는 질문을 하기도 한다. 이들의 이러한 행동은 주위 사람들에게 직접적인 해를 끼치지는 않지만 화나게 만드는 경우가 많다.

3) 자폐증의 예후

자폐증의 예후에 대한 연구들은 대부분 유사한 결과를 보고하고 있다. 사회적 관계를 잘 형성하지 못하는 사회적 적응 문제와 관련하여 거의 모든 자폐 아동이 증상의 호전을 보이지 않았으며, 사회적 관계 형성의 어려움은 자폐 증상을 보이는 청소년이나 성인의 약 70% 정도에서 보고되고 있다. 자폐 증상을 보이는 전체 성인 중 17%는 사회적 관계에 어려움이 있고 행동상의 특이한 점을 보이기는 하지만, 비교적 학교생활이나 직장생활에서 어느 정도의 기능을 수행할 수 있다. 그리고 50% 이상은 성인이 되어서도 여전히 보호시설에서 다른 사람의 도움을 받으며 생활하고 있다.

자폐 아동의 예후에 대한 많은 연구에서 공통적으로 보고
되는 것은 5~6세경에 언어 발달을 보이지 못하는 아동은 예
후가 아주 나쁘다는 것이다. 아동기의 지능지수는 예후를 보
다 정확히 예측할 수 있는 측정치이며, 아동기의 학습 능력도
예후를 비교적 정확히 예측할 수 있는 도구로 사용된다. 그 밖
에도 유아기에 보이는 감각반응에 이상이 적은 경우, 초기 아
동기에 비교적 행동적 문제가 적은 경우, 그리고 학교 교육을
많이 받은 경우에 예후가 비교적 좋다. 이러한 증상들이 좋은
예후와 관련되지만 정확히 측정하여 아동의 치료에 적용하기
는 어렵다. 최근 연구결과에 따르면 2~30세에 이르기까지 자
폐 아동의 사망률이 점차 증가하고 있다고 한다. 이러한 사망
률은 동일 연령대의 정상인들의 사망률이 0.6%인 점을 고려
해 볼 때 상당히 높은 수치다.

취학전 자폐 아동의 지능지수를 측정하기는 쉽지 않지만,
아동들을 다루는 방식을 잘 알고 사전 지식이 충분한 전문가
에게 검사를 받는다면 비교적 정확한 측정치를 얻을 수 있다.
지능지수가 50 이하이면 증상의 호전을 거의 기대하기 어렵
고, 지능지수가 50 이상인 경우에도 증상의 호전을 안정적으
로 예측하기 어려운 경우가 있다. 하지만 이러한 어려움에도
지능지수는 정상 아동이나 지적 장애 혹은 자폐 아동에게서

비교적 시간에 따라 안정적으로 나타나는 지수이기 때문에 자폐 아동의 증상 호전을 예측하고자 할 때 많이 사용된다.

집단 연구를 통해 언어 발달이 증상 호전을 예측할 수 있는 주요 도구라는 것이 밝혀졌으나, 이것이 모든 사람에게 항상 적용되는 것은 아니다. 심지어 5세 무렵까지 말도 배우지 못한 아동이 후에 상당한 언어 발달을 보이고 아울러 증상의 호전을 보이는 경우도 있었으며, 10세나 그 이후가 되어서야 비로소 말을 하게 된 경우도 있다.

사춘기가 되어 증상의 퇴행을 보이는 상당수의 자폐 아동은 자폐 아동의 증상 호전을 예측하기가 상당히 어렵다는 것을 보여 주는 또 다른 예다. ◆

6. 다른 아동기 장애와의 비교

자폐증은 1943년 캐너가 초기 유아자폐증이라 명명하여 보고하기 이전에는 공생적 정신증, 아동기 정신분열증, 비전형적 발달 등 여러 가지 이름으로 불렸으며, 대체로 성인 정신분열증의 조기 발현 내지는 그 아류로 생각되었다.

그러나 최근 30년 동안의 연구 결과, 유아자폐증은 정신분열증의 조기 발현이 아닌 별개의 장애로 밝혀졌고, 또 이런 아동들의 경우 선천적으로 또는 발달 초기부터 전반적인 발달과정에 왜곡이 발생한다는 것이 알려지면서 발달장애라는 개념이 도입되어, DSM-Ⅲ(1980)에서 처음으로 전반적 발달장애라는 진단명이 사용되었다. 아동기에 사회적 기술, 의사소통 및 언어장애, 행동장애, 지각장애 등 여러 분야의 발달이 제대로 이루어지지 않거나 상실되는 증상을 전반적 발달장애라고 한다.

DSM-Ⅲ에서는 유아자폐증이 전반적 발달장애의 원형이라는 점에 근거하여 전반적 발달장애를 단 하나의 아형, 즉 자폐장애만으로 인정하였다. 그 후 DSM-Ⅳ(1994)에 이르러 전반적 발달장애는 자폐장애, 레트 장애, 아동기 붕괴성 장애, 아스퍼거 장애 및 기타 자폐장애로 분류되었으며, DSM-5(2013)에 와서는 레트 장애가 빠지고 나머지 장애들이 자폐 스펙트럼 장애로 통합되었다.

1) 유사 장애

(1) 사회적 의사소통 장애

사회적 의사소통 장애는 DSM-5에서 처음으로 추가된 장애로 언어적·비언어적 의사소통 기술의 사회적 사용에 지속적인 어려움을 나타내는 경우다. 하지만 자폐 스펙트럼 장애와는 달리 반복적인 상동행동 패턴을 보이지 않는다.

과거에는 사회적 의사소통에서 심각한 결함을 나타내지만 자폐 스펙트럼 장애의 진단에 필요한 반복적인 상동행동 패턴을 보이지 않는 경우, '기타의 전반적 발달장애'로 분류되었다. 하지만 이러한 진단명으로는 장애의 특징적인 문제를 식별할 수 없었기 때문에 효율적인 치료적 개입을 하기가 어려웠다.

의사소통 기술의 사회적 활용은 ① 인사하거나 정보 교환과 같은 사회적 목적을 위해서 맥락에 적절하게 의사소통을 하는 능력, ② 맥락이나 듣는 사람의 필요에 맞추어 의사소통을 적절하게 변화시키는 능력, ③ 대화와 이야기하기에서 규칙을 따르는 능력, ④ 명시적으로 표현되지 않은 것이나 언어의 함축적이거나 이중적 의미를 이해하는 능력을 말한다. 이러한 네 가지 능력 모두에서 어려움을 나타내어 사회적 적응에 현저한 지장이 초래되는 경우에 사회적 의사소통 장애로 진단된다. 이 장애는 초기 아동기에 시작된다.

(2) 레트 장애

레트 장애는 자폐증과 구분하여 살펴보아야 할 발달장애다. 이 장애에 대한 진단이 널리 알려지기 전까지는 자폐 아동에 대한 진단이 함께 사용되기도 하였지만, 행동관찰과 가족력 보고 등을 통하여 자폐증과 질적인 차이가 보고되고 있다.

레트Rett가 6개월까지는 정상적으로 발달하다가 이후 심각한 퇴행 현상을 보인 22세 여성의 사례를 보고한 후에 이러한 증상은 레트 장애로 명명되었다. 이 장애는 대체로 10만 명의 여아 중 6~7명에서 보고되고 있다. 레트 장애는 여아에게서만 발생되고 일란성 쌍둥이에서 일치율이 100%에 이르고 있다는 보고 결과에 따라 유전적 원인으로 발생할 가능성이 제기되었으며, 이 환자의 70~80%가 MECP2 유전자에 이상을 보여 레트 장애는 신경계 질환으로 보아야 한다는 주장이 제기되었다.

레트 장애 아동은 대체로 생후 5개월까지는 운동 능력, 머리 둘레, 신체 성장에서 정상적인 발달을 보이다가 생후 6~14개월 무렵에 점진적으로 뇌장애가 발생하면서 손을 비틀거나 손가락을 핥거나 물어뜯는 등의 상동적 손운동을 보인다. 또 이미 배워서 습득된 말을 하지 못하고, 정신운동지체와 운동실조를 보인다. 두뇌의 성장도 감퇴되고, 약 75%가량은 경련성 질환으로 고생한다. 그 밖에도 불규칙한 호흡, 과잉호흡, 무호흡 등 호흡기 계통의 이상을 보이는 경우가 많다.

자폐 스펙트럼 장애와는 달리, 레트 장애는 생후 6개월 이후 4세까지 심각한 발달 및 성장 장애를 보이지만, 이 시기를 지나면 대부분의 환자는 사회적 상호작용 기술이 호전되고, 자폐적인 특징이 더 이상 주된 관심 영역이 되지 않는다. 레트 장애 아동의 경우 근육 이상은 물리 치료로, 간질 증상은 항경련제로 치료한다.

2) 감별 진단

(1) 지적 장애

지적 장애 아동의 경우 자폐증의 진단기준에는 해당되지

않으나 여러 자폐증적 증상을 보이는 경우가 있다. 그리고 자폐증으로 진단받은 아동의 상당수가 지적 장애를 보인다. 이러한 점을 고려해 볼 때 두 장애를 이분법적으로 구분 짓기는 매우 어렵다고 할 것이다.

그러나 지적 장애의 경우 사람들과 전혀 관계를 맺지 못하는 모습은 거의 관찰되지 않으며, 다른 사람과 의사소통을 하기 위해 언어를 구사하려 하고, 반향어와 같은 언어 이상을 보이는 경우는 드물다. 그리고 지적 장애 아동은 지능의 모든 항목이 고르게 저하되어 있다.

(2) 정서적 결핍

정서적 결핍 아동은 체계적으로 돌봄을 받는 심리사회적 환경에서 자라지 못할 경우, 자폐 아동과 유사하게 사회적 관계 형성을 잘하지 못하고 언어와 행동 발달의 이상 등의 증상을 보일 수 있다. 그러나 주의 깊게 관찰해 보면 정서적 결핍 아동의 행동은 일탈이라기보다는 지연된 행동을 보이기 때문에 자폐 아동과 쉽게 구분된다. 또한 지지적인 환경을 형성해 주면 자극에 전혀 반응이 없는 자폐 아동과는 달리 정서적 결핍 아동의 이러한 발달상의 문제는 쉽게 사라진다.

(3) 청각장애

청각장애의 경우 드물기는 하지만 자폐증적 증상을 보이는 경우가 있다. 이러한 경우에는 청각 기능의 손상과 자폐증의 진단을 함께 내리는 것이 바람직하다.

(4) 시각장애

여러 해 동안 시각장애로 진단되었던 환자가 실제로는 자폐증인 것으로 밝혀진 경우가 종종 있다. 그리고 몇몇 사례이긴 하지만, 지연된 시각 발달체계와 자폐증적 증상의 관련성이 보고되기도 하였다. 청각장애의 경우처럼 시각 기능이 손상된 아동이 자폐증적 증상을 보인다면 두 가지 진단이 함께 내려지는 것이 합당하다.

(5) 유아 우울증

태어나서 1년 동안은 정상적으로 발달하였지만 그 후 상당 기간 동안 부모와 떨어져 자란 아이에게 우울 증상이 나타나는 경우가 많다. 이러한 아동은 처음에는 저항하고 슬픔을 나타내며 사회적으로 위축되지만 점차 새로운 환경에 적응한다.

(6) 아동기 정신분열증

환각이나 사고 장애 등을 주 증상으로 하여 자폐 증상을 가

진 아동과 질적으로 구분되는 아동기 정신분열증 환자가 있
다. 이들은 망상이나 환청을 주로 보이지만, 자폐장애는 언어
장애와 대인관계 장애를 주로 보인다. 그리고 아동기 정신분
열증 환자들 중 간질발작을 일으키는 경우는 매우 드물다.

아동기 정신분열증을 겪는 아동들은 정신분열증의 발병 시
기가 매우 빠르고 7~8세가 될 때까지 증상이 계속되는 것이
특징인데, 5세 미만에서는 발생하지 않는다. 또한 이들은 정
신분열증의 가족력을 가지고 있는 경우가 많다. 몇몇 학자의
경우 어린 시절에 자폐증적 증상을 보인 아동들이 성인기에
정신분열증의 증상을 보이기도 한다고 주장하지만, 아직까지
명확히 밝혀진 것은 없다.

(7) 기타 심리장애

주의력결핍, 운동통제 및 지각의 이상 등 다양한 인지적 결
핍과 미약하게나마 자폐 증상을 보이는 아동이 있다. 강박장
애 아동들은 사회적 관계를 잘하지 못하며 종종 자폐증적 증
상을 보인다. 뚜렛 증후군을 보이는 아동이나 청소년의 경우
자폐적인 몇몇 증상을 함께 보이기도 한다. ◈

자폐증은 왜 생기는가

2

1. 유전적 · 생물학적 원인

자폐증이 생애 초기에 나타난다는 사실은 생물학적으로 이상이 있을 수 있음을 시사한다. 자폐증은 중추신경계 손상을 유발하는 여러 조건과 관련되어 왔다.

비록 출산 전의 합병증과 자폐증의 관련 여부는 확실하지 않지만, 임신 기간 중의 풍진이 자폐아의 출현율을 높이는 한 원인으로 주장된 적이 있다. 풍진은 중추신경계에 미치는 영향을 포함해서 농, 지적 장애, 소두증 등 다른 선천성 기형을 일으킨다. 따라서 자폐증과 관련지어 볼 때 풍진이 중추신경계에 손상을 일으킬 수도 있다는 것을 의심해 볼 수 있다. 중추신경계에 영향을 미치는 뇌막염, 뇌염, 결절경화증, 페놀케톤뇨증 등도 자폐적 행동 유형과 연관되어 있다고 보고되었다.

자폐 아동에 대한 추후 연구와 평가에서 자폐 아동은 신경학적 심리장애의 여러 증상을 보인다. 많은 아동이 평균 수준 이하의 지능지수를 보였고, 뇌파 연구에서 임상적으로 발작 이상이 없는 아동에게서도 이상이 나타났다. 또 간질은 정상 아동보다 자폐 아동에게 더 일반적으로 나타나며, 청년기 혹은 성인 초기에 임상적으로 자주 나타난다. 한 연구에 따르면, 자폐 증상을 보이는 청·장년과 성인들 중 약 1/4이 일생에 한 번 이상의 발작을 보인다고 한다.

한편, 가벼운 징후들도 보고되었다. 가벼운 징후들이란 신경학적 손상을 의미하는데, 특수 영역과 관련지어 설명되고 있지는 않다. 그러한 문제들은 가끔 중추신경계의 손상이나 기능장애와 관련된다. 발뒤꿈치를 들고 걷기 혹은 손 흔들기와 같은 운동성 문제는 이러한 범주로 볼 수 있다.

많은 연구가 생물학적 영역에서 이루어졌고, 자폐증 역시 이와 관련하여 여러 이론이 정립되었다. 이러한 조건들을 논의하기 전에 우리는 어떻게 다른 원인들이 유사한 증상을 발생시키는가를 알아야 한다. 하나의 원인은 서로 다른 환경 하에서 다른 증상을 유발시킬 수 있다. 예를 들면, 임산부에게 풍진 감염은 한 아기에게는 농의 원인이 되고, 다른 아기에게는 지적 장애를, 또 다른 아기에게는 백내장을 초래할 수 있다. 혹은 이 세 가지 조건 모두가 한 신생아에게서 나타날 수 있다. 또한 또 다른 상황에서 여러 원인이 같은 조건을 유발시킬 수 있다.

생물학적 원인에 대한 지적이나 다른 조건들과 관련해 볼 때 자폐증의 원인은 확실히 한 가지 이상일 것이라는 의심은 당연하다. 만약 이것이 사실이라면 같은 증상을 일으키기 위해서는 같은 손상이 같은 영역에 발생해야 한다는 가정하에, 수많은 연구자가 그러한 정상적 기능의 혼란이나 손상을 일으킬 수 있는 영역을 특정화하려는 시도를 해 왔다.

1) 유전적 원인

자폐증은 우성염색체, 열성염색체 혹은 성과 관련된 조건이 유전되는 장애로 추론할 수도 있다. 페놀케톤뇨증은 또 다른 심각한 신진대사 이상으로서 비정상 유전의 한 유형이다. 그러나 이 장애는 자폐증보다 훨씬 강한 가계 성향을 보인다. 성과 관련된 가설에서도 자폐증은 규칙에서 벗어나는 이상 유전의 한 유형이다. 왜냐하면 여아에 비해 남아의 비율이 훨씬 높기 때문이다.

유전적 요인이 자폐증의 발병에 기여한다는 증거는 21쌍의 쌍생아를 대상으로 한 연구에서 밝혀졌다. 이 연구에서 이란성 쌍생아에 비하여 일란성 쌍생아는 36%의 일치율을 보였으며, 이란성 쌍생아가 10%의 인지적 이상 일치율을 보인 반면,

일란성 쌍생아는 82%의 인지적 이상 일치율을 나타냈다. 이러한 결과들은 유전적인 인지적 이상 원인이 상당 부분 질병의 발생에 기여할 수 있음을 시사하고 있다.

자폐 아동의 형제 가운데 자폐증이 발생할 확률은 일반 인구에 비해 무려 50배나 높았고, 자폐 아동 중 약 25%가 언어 지체의 가족력을 보였다. 또 자폐 아동의 형제 중 약 15%는 언어 이상이나 학습 장애 혹은 지적 장애를 보이고 있으나, 다운증후군 아동의 형제들은 약 3%만이 이러한 인지적 이상을 보였다. 이러한 결과들은 자폐증이 유전적 원인에 의하여 생겨날 수 있음을 시사하고 있다.

자폐증과 취약 X 염색체 이상과의 관계에 대해서도 주로 여아 자폐 아동을 대상으로 하여 연구가 이루어지고 있다. 취약 X 증후군은 눈 맞춤을 잘 못하고 상동적인 행동, 주의력, 충동성 등의 증상에서 자폐적 특성을 보인다. 이러한 증상들은 적절한 사회적 관계 형성을 방해한다.

대뇌의 기능 이상이 자폐 아동에게서 발견되고 있기는 하지만 이러한 이상이 뜻하는 바가 무엇인지에 대해 구체적으로 밝혀진 것은 없다. 비숍Bishop은 많은 자폐 아동이 지적 장애를 보이고 있기 때문에 자폐증과 광범위한 신경병리적 특징의 연관이 발견되는 것은 그다지 놀라운 일이 아니라고 말하기도 한다. 비록 신경병리적 이상이 발견되고 있기는 하지만, 지적 장애와 구별되게 자폐증에만 특수하게 발견되는 것이 무엇인지 어떤 방식으로 자폐증적 특징과 관련되는지에 대해서 확실하게 알려진 바는 없다. 다만, 비숍은 문헌조사를 통하여 뇌의 전두엽 기능의 이상, 특히 중변연계 피질로 알려진 전두엽과 측두엽 영역의 이상과 자폐증적 특징이 밀접하게 관련될 가능성이 있음을 시사하였다.

자폐증의 몇몇 사례가 면역학적 이상과 관련된다는 이론도 있다. 스터브스Stubbs는 일반 부모에 비하여 자폐 아동의 부모에게서 백혈구 항원HLA이 더 많음을 밝혔다. 하지만 이러한 결과가 자폐증의 발생과 어떤 관련이 있는지에 대해서는 구체적으로 설명하지 못하였다.

2) 생물학적 원인

자폐증이 잘 알려져 있지 않던 시기에는 자폐증을 2~5세 사이에 발생하며 나이에 맞는 여러 가지 기술을 상실한 발달상의 장애로 보았다. 하지만 최근 들어, 자폐증의 여러 이상행동이 매우 어린 시절부터 발생한다는 것이 밝혀지면서 생물학적 원인에 대한 연구가 활발하게 이루어지기 시작하였다.

일부 학자는 스트레스 요인 모형을 주장하였다. 이 모형에서는 유전적 요인이 발달과정상의 이상적 소인이 될 수 있다고 설명하고 있다. 즉, 유전적 잠재요인이 병리학적 환경과 상호작용하여 질병이 발생한다는 것이다. 이 이론에 따르면 자폐증 자체가 유전되는 것이 아니라 사회적 기능, 언어나 상호작용의 유전적 요인이 유전되는 것이므로 특정 환경이 자폐 증상의 성질, 심각도, 발현 시기 등에 영향을 끼칠 수 있음에 주의하여야 한다고 주장한다.

자폐증의 생물학적 이상에 대한 여러 연구 중 신경전달물질인 세로토닌의 이상이 일관되게 보고되고 있다. 세로토닌은 필수 아미노산인 트리토판의 신진대사 생성물이다. 세로토닌은 정상적인 뇌 기능에 필수적이지만 신체 내부의 다른 단백질로부터는 합성될 수 없고 개인적으로 섭취하는 영양분의 일부로 얻어진다. 성인을 대상으로 한 연구에서 세로토닌 수준이 감소되거나 증가하는 경우에 이상 행동을 보였다.

자폐 아동 가운데 약 30~40%에서 세로토닌 수치가 정상 아동보다 높게 발견되고 있다. 하지만 세로토닌의 이상이 임상적 증상과 어떻게 관련되는지, 그리고 신경화학적 원인과 어떤 관련성을 가지는지에 대해서는 명확히 밝혀져 있지 않다. 자폐 증상을 지니지 않은 지적 장애 아동에게서도 세로토닌 수치가 높게 나타나기 때문에 해석에는 신중을 기해야 할 것 같다. 다만, 세로토닌은 신경의 발달과 신경연접 형성에 영향을 끼치기 때문에 초기의 세로토닌 대사 이상이 신경계 구조와 세포 이동에 영향을 미쳐 발달상 중요한 시기에 자폐증의 임상적 증상이 나타날 수 있다.

생화학적 결함은 신진대사의 이상뿐 아니라 필요한 물질들의 부적절한 섭취나 나쁜 섭식 때문에 발생할 수 있다. 나쁜 섭식 증상의 한 가지 형태는 지방과 글루텐의 편식에 의한 아동 만성 장질환을 들 수 있다. 이 질병은 비흡수지방과 다른 물질로 뭉쳐진 대변, 성장 실패와 다른 신체적 변화를 보이는 것이 특징이다. 이러한 질병은 장내의 상피세포를 손상시킬 수 있다.

아동 만성 장질환을 가진 아동들 가운데 일부는 정서적 문제를 보이기도 하고, 많은 자폐 아동이 만성 질환을 가지고 있는 것으로 보고되고 있다. 한 연구에서 자폐증과 만성 질병을 가진 아동에게 글루텐이 없는 식사요법을 실시했을 때 자폐적 증상이 감소됨을 밝혀냈다. 또 78명의 자폐 아동 평가에서는 10%가 만성 질병을 가지고 있었다.

그러나 한 환자에게 두 가지 양상이 나타나는 것이 반드시 한 조건이 다른 조건을 일으킨다는 의미는 아니다. 두 가지 조건이 유사한 유전적 기초를 가질 수 있고 따라서 서로 연결될 수 있다. 그러므로 이러한 주장 역시 여전히 원인일 가능성은 있지만 앞으로 계속 연구되어야 할 부분이다.

3) 바이러스에 의한 감염

임신 기간 중 어떤 세균 감염은 발달 중인 태아에게 심각한 손상을 줄 수 있는 원인이 된다는 주장이 있다. 앞에서 언급한 바와 같이 임신 중의 풍진은 많은 선천적 이상의 원인이 될 수 있는데, 선천성 풍진 아동 64명을 대상으로 이루어진 한 연구에서는 8명이 자폐적으로 기술되었고, 243명을 대상으로 한 연구에서는 10명이 자폐증을 보였으며, 다른 8명은 자폐증의 일부 증상을 보였다. 이러한 집단의 자폐증 발생률은 일반 집단에서 발견되는 비율보다 훨씬 높다.

선천성 풍진이 직접적인 영향이 되지 않았더라도 몇몇의 선천성 풍진 아동에게서 발견되는 청각·시각장애를 일으키는 감각 발달 혹은 지적 장애와 관련된 이차적 증상으로 자폐증이 발생할 수 있다. 자폐증은 아동에게서 지체나 전농 혹은 전맹이 나타날 수 있는 특이한 증상이다. 그러나 자폐증이 이차적으로 이러한 결함을 일으키지는 않는다.

자폐증과 바이러스 감염과의 관련 연구에서는 자폐 아동 집단이 구강수포진에 관해 더 많은 항체를 생성했다고 한다. 그러나 아동의 자궁에서 이러한 세균에 노출되었기 때문에 더 높은 항체수치를 보이는 것인지 아니면 어떤 이유에서 저항력이 부족해서 더 감염되기 쉬운 것인지를 단정할 수 없다. 바이

러스와 자폐증과의 관련성에 대해서는 앞으로 계속 연구가 이
루어져야 한다. ◆

2. 심리학적 입장

1) 양육 태도

캐너가 초기 자폐증에 대하여 기술할 때, 자폐 아동의 부모는 정서적으로 따뜻함이 결핍되어 있고, 심리적으로 거리를 두며, 강박적인 성격의 소유자라고 기술하였으나, 후속 연구들은 이를 지지하지 않았다. 또한 자폐 아동 부모의 양육 태도가 자폐증의 발생에 관련되기보다는 아동의 행동, 특히 아동의 정서적 반응성의 결핍에 대한 반응인 경우가 많다는 결과들이 보고되기도 하였다.

켈러Keller는 출생하자마자 따뜻하고 다정한 양부모에게 입양된 아동 중에도 자폐증을 가진 아동이 있고, 부모가 자폐적인 성격을 가지고 있어도 정상적으로 자라는 아동이 있음과 관련하여, 부모의 성격 속에 있는 일반적 특성이 자폐증의 한 원인이 될 수는 없다고 주장하였다. 하지만 심리사회적 환경이 자폐증과 어떻게 관련되는지에 대한 체계적이고 과학적인 수행 연구는 매우 부족한 실정이며, 현재로서는 부모의 양육 태도와 같은 심리사회적 환경이 자폐증과 무관하다는 결론을 내리는 것은 무리가 있다.

자폐 아동과의 관계 양상은 그들의 발달에 지대한 영향을 끼칠 수 있기 때문에, 자폐 아동의 부모나 교사는 자폐 아동의 행동을 어떻게 다루고, 어떻게 관계를 맺어 나가야 할지 세심하게 고려해야 한다.

심리적 요인과 관련된 신경생물학적 변화에 대한 한 접근으로 워드Ward는 저서 『아동기 자폐증과 구조적 치료Childhood Autism and Structural Therapy』에서 임신 기간 중의 산모의 불안이 아동의 감각 발달을 느리게 한다고 주장하였다. 즉, 산모가 불안해할 경우에 태아에게 다양한 신경생물학적 영향을 줄 수 있는 신경내분비 변화가 일어나고, 나중에 어머니는 아동의 특별한 욕구들을 맞춰 줄 수 없게 되어 그 결과 자폐증이 발생할 수 있다는 것이다. 자폐 아동의 어머니는 정서문제, 가족들의 긴장 혹은 다른 문제 때문에 임신 기간 동안 심한 스트레스를 받았음을 보고하였다.

2) 행동의 조건형성

행동주의자들은 조건형성 기법으로 자폐 증상들을 다소 개선할 수 있었으며, 차별적인 강화가 자폐증의 원인이 된다고 주장하였다. 즉, 조건형성이 잘못되어 자폐증이 나타나게 된다는 것이다. 다른 연구자들은 증상의 원인에 기여하는 스트레스 사건이 발생한 후에 자폐증이 발달할 수 있다고 보았다. 하지만 이러한 설명만으로 자폐증의 원인을 밝혔다고 주장하기는 어려우며, 이와 관련하여 보다 세심하고 체계적인 연구들이 수행되어야 할 것이다.

3) 환경 대 천성

자폐증에 대한 캐너의 초기 설명에서는 선천적 혹은 후천적이라는 두 개의 대립되는 개념이 쟁점이 되었다. 자폐아의 부모는 교육 수준이 높고, 일반적으로 비설명적이고 냉정하며, 이러한 환경적 요인이 질병의 치명적 원인이 되고 있다는 추측을 해 왔다. 캐너 자신은 중요한 요인으로 생물학적인 면을 가정하면서 이러한 개념을 논박하기도 하였지만, 그럼에도 그는 유전과 환경 간의 상호작용을 언급하였다. 즉, 유전과 소질의 문제에도 일상 경험이 이런 아동을 혼란시키고, 일상적인 관계를 불가능하게 만들며, 위축시키고, 비정상적인 행동들을 유발한다는 것이다.

심리사회적 원인을 지지하는 사람들은 주로 정신분석적인 입장에 있는 연구자와 임상가들로서, 자폐적 행동을 발달적인 문제로 설명해 왔다. 베틀하임Bettelheim과 터스틴Tustin 역시 정신분석적 견해에서 자폐증을 연구하고 저술하였다.

베틀하임은 자폐증이 유아의 초기 생애 경험에서 일어나는 것이라고 보았다. 그는 『텅빈 요새The empty Fortress』에서, 특정 시기에 아동의 활동이나 시도가 차단되거나 세계를 파악하려는 능동적인 노력이 차단되면 그 결과로 자폐증이 생긴다고 주장하였다. 즉, 모든 활동이 억압되고 외부 세계에 대해 억압적인 적대감을 가질 때 아동은 자폐증과 환상으로 위축된다는 것이다. 베틀하임은 "우리가 아는 모든 경우에서 아동은 부모의 태도를 통해서 자신이 존재하지 않았으면 하는 소멸을 경험한다."고 하였다.

베틀하임은 자폐증 아동이 생의 초기에 자율감을 발달시키지 못한 것으로 보았다. 중요한 인물에게 영향을 주려는 자율적인 시도가 단지 타인들의 무관심이나 불안, 보복만을 가져오게 될 것이라는 생각을 하면 아이들은 자신의 운명을 개선하려는 적극적인 노력을 포기하기 시작할 것이다. 베틀하임은 자폐 아동이 포로수용소의 포로처럼 어떠한 행위로 죽음을 야기할지 모른다는 느낌을 가지고 있을 것이라고 생각하였다. 그래서 그들은 단호한 의지를 동원하여 아무것도 하지 않기로 결정하거나, 그들이 통제할 수 있는 조그마한 세계에 자신들의 행위를 국한시키기로 결정한다는 것이다.

심인성 자폐증이 존재하느냐에 대해서는 논쟁이 있다. 대부분 기질적인 자폐증이라고 인정되고 있는 추세이지만, 터스틴은 주로 심인성으로 보이는 자폐증에 관심을 두었다. 그롯스타인Grotstein도 터스틴의 생각과 현재의 신경생물학적인 연구를 통합하려는 시도를 하였다.

터스틴은 『자폐증과 아동기 정신증Autism and childhood psychosis』에서 정상적 초기 자폐증으로서 초기 유아 단계에 대해 논의하였다. 그에 따르면, 아이는 감각들을 경험하지만 자신의 신체를 인식하지 못하고 자신의 주변과 자기 자신이 아닌 것을 인식하지 못하여 자신으로부터 분리되어 있는 어머니를 알지 못한다. 대부분의 어머니는 유아가 매일 요구하는 기대에 과잉반응을 하지 않고, 아이에게 과도한 좌절을 주지도 않으며, 아이를 거부하지도 않는다. 어머니의 도움에 의해서 아이는 점진적으로 자기 신체 부분을 구별하기 시작하고, 자신을 어머니로부터 분리하며, 사람과 사물을 구분하게 된다.

터스틴은 이러한 과정에서 자폐증과 관련된 두 가지 형태의 철수를 논의하였다. 그것은 단절된encapsulated 유형과 뒤엉킨entangled 유형의 자폐증이다. 단절된 유형은 아이가 나 아닌 모든 경험을 완전히 부정하는 자폐적인 갑옷을 입는 경우다. 이에 비해 뒤엉킨 유형은 보다 분화되어 있지만 자신의 신체가 어머니의 신체와 풀 수 없게 뒤엉키고 혼동되어 보호되는 느낌을 가지는 경우다. 이러한 아이들은 자기와 외부 대상 간의 불연속 경험에서 야기된 소멸 공포로부터 피하기 위해 자폐 대상object이나 자폐 형상shape을 즐겨 사용한다고 보았다. 이와 관련된 자세한 내용은 후반부의 정신분석 심리치료에서 다룰 것이다. ◆

3. 자폐증의 평가

1) 면담 및 관찰평가

자폐증에 대한 진단은 면담, 관찰평가, 심리평가를 기초로 하여 이루어진다. 개인의 병력은 주로 자폐 아동의 전형적인 특징들에 초점을 맞추어 사회성 정도, 언어적 성취 수준, 놀이, 감각 자극에 대한 상동적이거나 이상한 반응의 유무 등을 중심으로 조사된다.

과거 병력은 어머니의 임신 기간과 아동의 초기 발달 기간에 기초하여 이루어지는데, 자폐 증상이 출생 전에 발생한 사건과 연관되었는지 확실히 알려져 있지는 않지만, 임신 기간 동안의 사건과 뇌에 손상을 줄 수 있는 사건이 발생하였는지 여부를 중점적으로 조사한다. 자폐증에 걸릴 위험요소가 많은 사람의 경우 출생 후 환경이 증상의 발현이나 증상의 심각성 정도에 영향을 줄 수 있기 때문에 가족구성원 중 자폐증이나 다른 발달장애, 정신과적 장애로 고통받는 사람이 없는지에 대해서도 조사한다. 실제 기분장애의 경우 몇몇 가족연구에서 자폐증과 관련성이 있다고 보고되기도 하였다.

그 밖에도 취약 X 증후군과 같이 자폐증과의 관련성이 보고된 특수한 질병의 증상이 있었는지에 대한 조사를 해야 하고, 신경학적인 검사가 이루어져야 한다. 그리고 어린 아동일수록 인지 기능에 대한 검사가 이루어져야 한다. 말을 할 수 있는 아동일 경우 대화에 참여할 수 있는지 상상놀이에 참여할 수 있는지 조사해 보아야 하는데, 특히 아동이 심각한 자폐 증세를 보이지 않는다면 아동이 관계 형성에 어려움이 없는지를 세심하게 살펴보아야 한다. 눈 맞춤을 잘하는지, 사회적 의사소통을 시작하는 데에 어려움을 보이지는 않는지에 대해서도 세심하게 조사하여야 한다.

아동을 평가하는 데 이용할 수 있는 도구로는 자폐증의 특징적인 증상들로 구성된 '아동기 자폐증 평정척도Childhood Autism Rating Scale: CARS'가 있다. 아동기 자폐증 평정척도는 아동을 직접 관찰하여 자폐 증상의 정도를 평가하여야 하는데, 이 척도는 특히 자폐적 행동의 정도를 기술하는 데 유용하다. 아동의 개인력이나 학교 또는 집에서의 행동관찰을 함께 사용하면 보다 정확한 진단을 할 수 있다. 자폐증에 대하여 연구를 하고자 한다면 보다 자세한 관찰과 면담을 요구하는 '자폐증 진단 면접Autistic Diagnostic Interview: ADI'이나 '자폐증 진단 관찰 질문지Autism Diagnostic Observation Schedule: ADOS'를 사용하는 것이 좋을 것이다.

2) 심리평가

자폐 아동에게 심리평가를 실시할 때 검사자가 자폐증의 여러 임상적 증상과 기저의 인지적 손상에 대해 자세히 알고 있지 못하다면 검사가 정확하게 행해지기 상당히 어렵다. 따라서 자폐 아동에 대하여 심리평가를 실시하고자 하는 경우에는 자폐증에 대한 확실한 이해가 우선되어야 한다.

일반적으로 아동기에 지능검사를 실시하는 것이 자폐증의 예후를 알 수 있는 가장 좋은 단일한 방법으로 알려져 있다. 실제 아동기에 지능지수가 50 이하인 아동은 성인이 되어서도 비슷한 수준의 지능지수를 보이며 사회생활을 거의 하지 못하는 경우가 많다. 자폐 아동은 웩슬러 지능검사의 하위검사 중 토막 짜기와 모양 맞추기 검사에서는 비교적 우수한 수행을 보이는 반면, 차례 맞추기와 이해 검사에서는 수행이 저조할 수 있다. 따라서 지능검사의 결과를 이용하여 자폐증의 예후를 좀 더 잘 알 수 있을 것이다.

자폐 증상을 지니고 있을 것이라고 생각되는 아동을 평가하고자 하는 경우 적절한 심리검사를 실시하는 것이 매우 중요한데, 만일 아동이 10세 이하라면 몇 년 후 종합적인 심리평가를 다시 실시하여야 한다. 아동의 전반적인 적응 정도를 평가하고자 할 때 '바인랜드 사회성숙도 검사'가 사용될 수 있다. 학령기 아동에게는 '아동용 지능검사wisc'를 통해 인지적 기능을 평가할 수 있다. 언어치료사와 함께 아동의 언어 능력을 보다 정밀하게 평가할 수도 있다. 이때 자폐증의 주요 증상은 특정 언어적 문제가 아니라 전반적인 의사소통상의 문제이기 때문에 의미 있는 대화 형성 능력과 비언어적 의사소통 기술에 중점을 두어 평가하여야 한다.

자폐 아동 중에는 검사를 실시하려고 할 때 지시를 거부하거나 울거나 비명을 지르는 아동이 있다. 이러한 아동에 대해서는 흔히 검사불능 판정이 내려지는데 이것은 바람직하지 않다. 지시사항, 특히 언어적인 지시사항이 아동에게 너무 어렵거나 복잡하다고 판단될 경우에는 간단하거나 비언어적인 방법으로 설명해 주어야 하며, 과제 자체의 수행을 어려워한다고 판단될 경우에는 과제를 좀 더 쉽게 수행할 수 있도록 도와주어야 한다.

예를 들어, 검사자가 여러 개의 나무토막과 상자를 책상 위에 올려놓고 아동에게 나무토막을 상자 속에 넣으라고 했는데 아동이 그 말을 이해하지 못하여 어리둥절해하면서 나무토막을 겹쳐 쌓거나 들어 올리거나 입에 넣는 등의 행동을 보였다고 하자. 그러면 검사자는 나무토막과 상자를 가리키면서 "넣어 보자."라고 이야기함으로써 과제를 좀 더 알기 쉽게 하거나, 검사자가 직접 몇 개의 나무토막을 상자에 넣어 보이거나, 아동의 손을 이끌어 필요한 동작을 하게 함으로써 과제의 수행을 좀 더 쉽게 할 수 있도록 하여야 한다.

이러한 시도 없이 검사자가 아동이 과제 수행에 협조하지 않는다거나, 과제를 수행할 수 없는 것으로 생각하거나, 아동이 모든 기능과 기술의 수행을 같은 발달 수준에서 하게 된다고 가정하면 평가에서 많은 오류가 발생하게 된다.

(1) 적응행동 평가

자폐 아동을 평가하는 데에는 표준화된 적응행동검사도 유용하다. 이러한 검사에는 '바인랜드 적응행동척도Vineland Adaptive Behavior Scale'와 정상인을 대상으로 하여 표준화된 것이 있으며, '적응행동척도Adaptive Behavior Scale'와 지적 장애자용으로 표준화된 것이 있다. 이들 두 가지 척도를 통해 일반적인 적응행동과 부적응행동을 알아볼 수 있다.

사회성숙도 검사는 바인랜드 척도를 모델로 하여 만들어졌으며 모든 연령대에게 실시할 수 있다. 이 검사는 자조, 이동,

작업, 의사소통, 자기관리, 사회화 등 적응행동의 표본이라고 할 수 있는 117개의 문항으로 구성되어 있다. 피검자를 잘 아는 부모와의 면접을 통해서, 부모가 없을 경우에는 피검자를 잘 아는 피검자의 형제나 친척 또는 후견인과의 면접을 통해서 하기 때문에 피검자가 지니고 있는 특성에 관계없이 모든 사람에게 실시할 수 있는 장점이 있다.

사회성숙도 검사를 통해서 사회지수social quotient: SQ, 사회연령social age: SA, 그리고 각 문항의 평균 생활연령life age mean: LA을 얻을 수 있다. 이를 통해 피검자가 같은 생활연령군 내에서 어느 수준에 있는지는 물론, 적응행동이 어느 정도 지체되어 있고 몇 세의 정상인과 비슷하며 적응행동 영역 간의 발달 차가 어떠한지도 알 수 있다.

적응행동검사는 3세부터 17세까지의 일반 아동과 교육이나 훈련이 가능한 지적 장애 아동에게 실시할 수 있다. 내용은 21개 영역의 95개 문항으로 구성되어 있으며 1부와 2부로 나누어져 있다. 이 검사는 피검 아동을 잘 아는 사람이 검사용지에 직접 표시하는 방법으로 아동의 선별, 진단, 교육적 조치, 사정 및 향상평가를 할 수 있다.

(2) 기능별 발달수준 평가

자폐 아동의 기능별 발달 수준은 정신증이나 기타 발달장애 아동의 발달 수준과 서로 다르기 때문에 개개 자폐 아동에게 적절한 치료 기법을 사용하기 위해서는 각 아동의 기능별 발달 수준을 알아야 한다. 예를 들어, 5세 자폐 아동이 운동 협응에서는 정상적인 5세 아동과 같고, 언어 이해는 정상적인 2세 아동과 유사하다면, 이러한 아동에게는 그의 언어이해 수준에 알맞은 간단한 말을 사용하여 자전거 타는 법을 가르치는 것이 아동을 적절하게 가르치는 것이라고 할 수 있다. 이와 같은 일을 하기 위해서는 먼저 아동의 기능별 발달 수준을 알아야 한다.

기능발달검사에 주로 사용되고 있는 도구는 '심리교육 프로파일psychoeducational profile: PEP'이다. 이는 특이한 학습양식을 알아볼 수 있도록 만들어진 행동 및 기술검사로서, 생활연령이 1~12세이며 기능 수준이 학령전 수준에 속하는 아동에게 사용하기 좋은 검사다. 이 검사는 모방, 지각, 정교한 운동, 큰 운동, 눈과 손의 협응 능력, 인지적 수행, 인지적 언어 등 7개 기능 영역의 발달 수준을 알아볼 수 있게 구성되어 있다. 그리고 아동의 반응을 관찰하고, 평가하며, 기록하는 검사자가 아동에게 제시하는 장난감과 놀이활동으로 구성되어 있다.

대다수의 검사는 '한다'와 '못한다'의 두 수준에서 아동을 평가하지만, 이 검사는 발현 중emerging에 있는 제3의 수준을 알 수 있게 해 준다. 발현 중이란 아동이 과제 수행에 필요한 약간의 지식은 가지고 있으나 그 과제를 성공적으로 수행하는 데 필요한 충분한 이해나 기술은 없다는 것을 보여 주는 반응을 말한다. 즉, 아동이 한 과제가 무엇에 관한 것인지를 어느 정도 알고 있거나 그것을 부분적으로는 할 수 있지만 특정한 방법으로 수행하지 못할 때 그 반응은 발현 중으로 채점한다.

이 검사를 실시할 때에는 문항을 정해진 순서대로 제시하지 않고 아동의 흥미와 반응을 고려하여 순서를 바꾸어 제시할 수 있게 되어 있으며 채점 시에 반응, 특히 특이한 반응을 설명하게 되어 있다. 이 검사는 검사자에게 과제를 가르쳐 볼 수 있는 기회를 줌으로써 새로운 기술을 학습하는 데 필요한 아동의 준비 능력을 알 수 있게 해 준다. 따라서 이 검사 결과를 활용하여 대상 아동의 발현 중인 능력에 맞추어 교육 프로그램을 구성할 수 있으며, 아동이 장애를 보이는 기능을 개발하기 위해 아동의 강한 기술을 활용하는 경우에도 활용할 수 있다.

(3) 언어 기능 평가

아동기에 실시되는 여러 언어 기능에 대한 평가도 증상의 호전을 잘 예측할 수 있다. 보통 5세 정도의 언어적 발달을 측정하여 예후를 예측하기도 하지만, 이때 특히 언어표현 능력보다는 언어이해 능력을 중점적으로 측정하고 순수한 발음장애와 자폐증의 의사소통 능력의 결핍을 비교하여 측정하는 것이 더 도움이 될 수 있다. 그리고 일반적으로 자폐 아동의 경우 몇몇 핵심적인 특징을 공유하고 있지만 개인별로 상당히 다른 인지적 기능 양상을 보이기 때문에 개인에 대한 여러 다양한 기능평가를 실시하는 것이 각 개인을 이해하는 데 보다 도움을 줄 수 있을 것이다.

자폐 아동은 흔히 기계적인 기억을 잘하고 몸짓이나 상황 및 기타 비음성 단서에 따라 행동을 할 수 있기 때문에 낱말의 의미를 이해하지 못하면서도 "문을 닫아라." "불을 켜라." "옷을 입어라."와 같은 지시를 따를 수 있으며, 이 때문에 마치 언어를 이해하고 있는 것처럼 느끼게 된다. 그러므로 자폐 아동에게 언어검사를 실시할 경우에는 아동이 말의 의미를 이해하고 행동하는지 아니면 비음성 단서에 따라 행동하는지를 알아보아야 한다.

이를 위해서는 아동이 어떤 행동을 해야 할 것인지를 전혀 예상하지 못하고 있을 때 어떤 몸짓도 하지 않고 아동에게 구두로만 지시해 볼 수 있다. 예를 들어, 아동이 놀고 있을 때에 문 쪽을 바라보지 않고 "문을 닫아라."라고 지시를 해 본다. 말의 의미를 이해하지 못하는 아동이라면 이러한 지시에 따르는 행동을 하지 않을 것이다.

만일 아동이 이러한 지시에 따르는 행동을 한다면 단지 한 개의 낱말만을 이해하고 행동하는 것인지, 아니면 구절 전체의 의미를 이해하고 행동하는 것인지도 알아보아야 한다. 이를 위해 지시를 변화시켜 볼 수 있다. 예를 들어, 처음에 한 지시가 "문을 닫아라."였다면 그 지시를 "문에 손을 대라." "모자를 써라."와 같이 변화시켜 본다.

언어 검사 시 피검 아동의 협력을 얻기 위해서는 우선 매우 간단한 지시로부터 검사를 시작하여, 아동이 어리둥절하여 지시에 따르는 행동을 하지 못하거나 틀리게 할 때까지 지시의 난이도를 점차 높여 나간다. 이를 통해 아동의 언어수용 능력이 파악되면 이제 표현 능력을 알아보아야 한다.

자폐 아동의 반향어와 단어기억 기술은 아동의 표현 언어 능력을 잘못 판단하게 한다. 아동의 표현 언어 능력은 다음과 같은 2가지 방법으로 검사할 수 있다. 첫 번째는, 아동에게 탁자 위에 놓이는 그림의 이름이나 상자 속에 넣어지는 물건의 이름을 말하게 하는 것이다. 처음에는 아동을 도와주어 좌절이나 실패에 대한 두려움을 갖지 않게 해야 하며, 점차 도움을 주는 것을 늦추어 가며 다양한 상황에서 아동의 표현 능력을 판단해야 한다.

두 번째는, 검사하는 동안에 아동이 임의로 한 말을 기록하는 것이다. 이러한 말에 사용된 낱말과 문장구조는 아동의 언어교육 프로그램을 구성하는 데 기초가 되는 중요한 정보를 제공한다. 그리고 임의로 한 말의 의도도 적어 둔다. 아동의 말이 검사자에게 자기의 의사를 전하는 것인지, 자기 자신에게 하는 말인지, 아니면 반향어인지를 적어 두면 아동의 언어를 이해하거나 지도하는 데 도움이 된다. ◆

자폐증을 어떻게
치료할 것인가

3

1. 행동치료

행동수정은 자폐 아동을 치료하는 데 매우 많이 사용되는 기법이다. 행동수정을 효과적으로 사용하기 위해서는 자폐 아동의 이상행동의 형태와 사회적 결핍의 본질을 확실히 이해한 후 실시하여야 하고, 아동을 수정되지 않은 환경에 적응시키는 훈련보다는 환경을 아동에게 맞추어 적응시키는 훈련이 필요하다.

자폐 아동의 경우 자신의 행동을 다양한 환경에 일반화시키지 못하기 때문에 성공적인 치료를 위해서는 안정적인 환경의 유지가 매우 중요하다. 만일 환경을 바꾸어야 할 경우에는 주의 깊게 고려하여야 한다. 자폐 아동에게 특히 문제가 될 수 있는 환경요인은 사회적 접촉에 대한 과도한 압력 혹은 변화에 대한 과도한 요구가 있는 환경이다.

1) 행동 다루기 방략

행동 다루기 방략behavioral management strategies은 부적응행동을 없애는 데 주로 사용되는 기법이다. 우선 부적응행동의 발현에 영향을 끼치는 환경을 주의 깊게 분석하고 아동의 이상행동을 함께 분석하여야 한다. 이때 이상행동의 증가 혹은 감소에 영향을 끼치는 환경요인이 무엇인지 분석하여 부적응행동이 심한 아동에게는 조작적 조건형성 기법을 사용하고 부적응행동이 비교적 덜한 아동에게는 토큰 보상을 사용한다.

행동치료는 다른 환경으로의 일반화가 제한될 수 있고, 각어린이에 맞추어 개별화되어야 효과를 발휘할 수 있기 때문에각 개인에게 적당한 강화물을 찾는 것이 매우 중요하다. 아동의 부적응행동 중 공격행동이나 자해행동을 교정시키고자 하는 경우에는 아동의 행동을 촉진시키는 유발 원인과 적절한대응 전략을 설정하여야 하는데, 이때 차별적 강화 기법을 사용하는 것이 효과적일 수 있다. 두려움 등 아동의 정서적 증상에 대한 행동치료는 제한된 노출, 둔감화, 모델링, 대처 기술획득 등의 기법을 중심으로 이루어진다.

행동치료가 효과적이기 위해서는 아동의 발달 수준을 잘고려하여 발달 수준에 맞춘 적절한 기법을 사용하여야 하고,자폐 아동 개개인의 특수한 증상을 잘 이해하고 아동이 할 수 있는 발달 수준을 고려한 대응 방략을 설정하여야 한다. 발달 수준을 고려하지 않고 행동치료를 적용하면 학습된 방략을 일반화시키기 매우 어려울 수 있다.

자폐 아동에게 사용되어 온 행동치료는 크게 정적 강화와 벌로 나누어 생각할 수 있다. 아동에게 사용할 행동치료 기법을 선택하고자 하는 경우에는 행동과 강화물 간의 관계를 학습하는 능력, 행동문제의 정도, 학습의 효과 등을 고려하여야 한다.

(1) 정적 강화

아동이 다른 사람들과의 상호작용을 이해할 수 있도록 하는 데 사용되는 정적 강화에는 구체적 보상, 사회적 강화, 토큰 보상, 능력 강화 등이 있다.

구체적 보상의 경우, 상호작용에 대한 이해 수준이 낮은 아동의 행동을 치료하고자 할 때는 구체적이거나 먹을 수 있는 강화물을 사용하는 것이 효과적이다. 처음에는 아동이 바람직한 행동을 할 때마다 즉시 강화물을 주어야 하며, 아동이 칭찬을 이해하고 보상을 참고 기다릴 수 있게 되면 강화의 빈도를 점차 줄여 나간다.

아동에게 음식물을 강화물로 줄 때에는 건강에 해로운 것을 주지 않도록 하고, 너무 빈번하거나 필요 이상으로 너무 오

랫동안 주지 않도록 하여야 한다. 강화물로 주어지는 음식물을 아동이 먹으려 하지 않거나 좋아하지 않으면 그 음식물은 더 이상 강화물이 되지 못하므로 사용하지 않아야 한다.

한편, 구체적 보상을 줄 때에는 사회적 강화와 짝을 지어주는 것이 효과적이다. 즉, 아동에게 음식물을 줄 때에는 언제나 칭찬을 하거나 미소를 지어 보이거나 어깨에 손을 대어 보이는 것이 좋다. 사회적 강화가 아동에게 중요하고 의미 있는 것이 되어 감에 따라 구체적 보상을 점차 줄여 나갈 수 있다.

사회적 강화는 쓰다듬기, 미소 짓기, 고개를 끄덕이기, 칭찬하기와 같은 형식으로 아동에게 바람직한 행동을 계속하게 하는 사회적 상호작용의 일부 형식을 의미한다. 이러한 형식의 강화는 보편적으로 사용되는 것으로서 모든 연령층의 아동에게 사용할 수 있다.

그러나 개별 아동에 따라 아동이 이해할 수 있고 좋아하는 형식을 선택하여 사용해야 한다. 왜냐하면 아동 중에는 몸에 손을 대는 것을 싫어하는 아동도 있고, 머리를 쓰다듬는 것을 불쾌하게 생각하는 아동도 있으며, 칭찬보다는 박수를 쳐 주거나 미소를 지어 보일 때 지시한 일을 더 잘하는 아동도 있기 때문이다. 각 아동이 이해하고 좋아하는 강화 형식을 선택하기 위해서는 부모와 면담을 하는 것이 좋다. 각 가정마다 아동의 행동을 인정해 주는 형식을 가지고 있으며 누구보다도 부모가 아동이 이해하고 좋아하는 강화 형식을 잘 알고 있기 때문이다.

토큰 보상은 요구한 행동을 아동이 할 때마다 토큰을 주고 정해진 수의 토큰을 가지게 되었을 때, 아동과 미리 약속된 원하는 물건을 주거나 원하는 활동을 하게 하는 방법이다. 토큰 보상은 약간 수정하여 행할 수도 있다. 만일 아동이 목걸이를 갖고자 한다면 토큰으로 목걸이를 만드는 데 사용되는 구슬을 줄 수 있고, 퍼즐을 갖고자 하면 토큰으로 퍼즐을 만드는 퍼즐 조각을 줄 수도 있다.

아동에게 토큰을 줄 때에는 한 번에 하나씩 줌으로써 아동이 일정한 사회적 상호작용에 의존함이 없이 주어진 과제를 계속해서 수행하게 하여야 한다. 그러나 토큰 보상은 필요 이상으로 계속 사용되어서는 안 되며, 토큰을 주고받는 데 시간을 낭비하거나 토큰을 주기 위해서 아동의 계속되는 활동을 중단시켜서도 안 된다. 이러한 행동들은 과제의 수행을 촉진하거나 조장하는 데 도움이 안 된다.

능력 강화는 아동이 이해하고 즐기는 과제에 대하여 적용할 수 있는 방법이다. 아동이 이해하고 즐기는 일을 하고 있을 때에는 자기가 유능한 사람이라는 것을 경험하게 되고, 이러한 경험으로부터 얻게 되는 기쁨은 내적 보상으로서 가장 효과적인 강화물이 되기 때문이다. 그러므로 아동이 어떤 과제를 이해하고 즐길 때는 그가 유능하다는 것을 알아주는 것, 즉 능력 강화가 가장 좋은 강화 형식이 된다고 할 수 있다. 이와 같이 하면 아동은 자유시간에 자신이 쉽게 할 수 있는 행동을 선택하게 되고 거기에서 숙련감을 맛봄으로써 그러한 행동을 반복하게 된다. 이러한 경우에 강화물이 주어진다면 하던 활동에 간섭을 받게 되는 것이므로 이러한 강화는 바람직하다고 할 수 없다.

(2) 벌

행동을 제한하는 방법인 벌에는 여러 가지 형식이 있다. 고개를 흔들거나, 얼굴을 찡그리거나, "안 돼."라고 말하거나, 가볍게 꾸짖거나, 깨진 그릇을 치우게 하는 것도 행동을 제한하는 절차에 포함된다. 이러한 형식의 벌은 적절한 행동의 발달에 필요한 것으로서 어른에 의해 자연스럽게 주어지고 있다. 그러나 자폐 아동을 비롯한 발달장애 아동의 행동 중에는 이와 같은 형식의 부적 반응만으로 관리할 수 없는 행동이 많으므로 여러 가지 다른 절차를 사용하는 것이 좋다. 자폐 아동의 행동을 제안하는 절차로서 가벼운 것에는 소거, 일시 격리, 안 된다고 하기, 박탈, 과잉교정, 신체적 접촉 등이 있다.

소거는 아동이 바람직하지 못한 행동을 하였을 때 이를 무시하거나 경시함으로써 이러한 행동을 줄어들게 하고 결국은 사라지게 하는 기법을 의미한다. 이것은 강화를 받아 왔기 때문에 해 온 바람직하지 못한 행동을 변화시키는 데 유용한 기법이다. 소거는 계속하여 적용하지 않으면 효과가 없다. 따라서 아동의 행동에 관여하는 부모나 교사는 항상 협력하여 목표행동을 가정이나 학교 모두에서 소거하도록 하여야 한다. 소거 기법을 사용할 때는 과도하게 아동을 무시하지 않도록 하여야 하며, 소거 중에도 아동이 바람직한 행동을 하면 즉시 그 행동을 강화해 주어야 한다.

일시 격리는 바람직하지 못한 행동에 따른 정적 강화를 받지 못하도록 아동이 그러한 행동을 할 때 즉시 일시적으로 격리시키는 것을 의미한다. 이러한 절차는 아동의 바람직하지 못한 행동이 다른 사람으로부터 정적 강화를 받는 상황에서만 쓰이는 것이 바람직하다. 일시 격리 조치는 흔히 성인이 적극적으로 참여하여 아동과 상호작용하는 수업시간에 하게 된다. 간혹 이러한 상호작용으로부터 벗어나기 위해 바람직하지 못한 행동을 하는 아동도 있는데, 이들에게는 일시 격리가 오히려 긍정적 강화로 사용될 수 있으므로 주의하여야 한다.

안 된다고 하기는 아동의 행동이 받아들여지지 않는다는 것을 아동에게 알리는 것을 의미한다. 이 기법은 아동에게 알리고자 하는 것이 전달될 수 있는 형식으로 이루어져야 한다. 여기에는 고개를 흔들어 보이는 것부터 큰 소리로 "안 돼."라고 말하는 것에 이르기까지 여러 가지 기법이 있다. 안 된다고 하기 기법을 사용할 때에는 중지하고자 하는 행동을 강화시키지 않도록 주의하여야 한다. 아동들 가운데는 무관심의 대상이 되기보다는 부적인 주의의 대상이 되는 것을 더 좋아하는 아동이 있기 때문이다.

박탈은 아동에게 그의 소유물에 손을 대지 못하게 하거나 정규적으로 하게 되어 있는 게임이나 놀이를 하지 못하도록 그 기회를 빼앗는 것을 의미한다. 이 기법은 일반적으로 기능을 잘하는 아동이나 나이 든 아동처럼 그 절차를 이해할 수 있는 아동에게 효과가 있다. 그러나 이 절차는 너무 자주 사용하게 되면 효과가 줄어들기 때문에 주의해야 한다.

과잉교정은 특정 행동의 빈도를 감소시키는 절차다. 과잉교정의 한 방법은 정적 연습이다. 예를 들어, 아동이 일부러 반복해서 우유를 마루에 엎지른다면 아동에게 마루 전체를 깨끗하게 닦도록 지시할 수 있다. 다른 한 방법은 문제행동이 발생하는 상황에서 그 행동에 대치되는 바람직한 행동을 하도록 하는 것이다. 과잉교정을 할 때에는 바람직하지 못한 행동이 강화를 받게 되는 경우도 있으므로 주의하여야 한다. 과잉교정은 바람직하지 못한 행동을 하는 즉시 꾸짖고 적절한 행동을 하도록 지시하는 형식으로 이루어져야 하며, 지시는 일반적으로 짧게 한 번만 하여야 한다. 과잉교정을 할 때에는 아동이 지시하는 대로 하더라도 이를 강화하지 않는 것이 좋다.

신체적 접촉은 아동의 볼기나 손을 찰싹 때리는 것 등으로, 정상적인 부모와 아동 간의 상호작용에서 흔히 사용되는 방법이다.

아동의 행동이 위험하고 가벼운 행동 제재로 고쳐지지 않았다면 심한 제한 절차를 사용할 수 있다. 심한 제한 절차를 사용할 때에는 시간제한을 두고 절차의 사용 효과와 위험성 등을 고려하여야 한다. 자폐 아동의 행동을 제한하기 위해 사용되는 절차에는 고립, 위험 소거, 혐오자극, 약물요법 등이 있다.

고립은 아동을 닫힌 곳이나 고립된 장소에 배치하는 것을 의미한다. 이러한 절차는 아동의 행동이 자기 자신이나 다른 사람에게 신체적인 손상을 입힐 수 있는 경우에만 사용되어야 한다. 그러나 아동이 자해행동을 하는 경우에는 사용하지 말아야 한다. 아동을 고립시킬 때에는 시간을 제한하는 것이 중요하고, 아동을 고립시키는 장소는 위험한 것이 없고 환기가 잘 되며 밝고 온도조절이 잘 되는 곳이어야 하며, 외부에서 관찰하는 데 필요한 설비를 갖추고 있는 곳이면 더욱 좋다.

고립은 아동에게 주어지는 자극을 줄이고 아동의 행동을 재구성하게 하지만 일부 아동에게는 불합리한 공포를 가지게 할 수 있으며, 자기자극 행동에 몰두하게 할 수 있고, 요청에 따라 해 온 일을 회피하는 계기가 제공될 수도 있다. 그러므로 아동을 고립시킬 때에는 아동에게 시켜 온 과제나 활동을 고립된 장소에서 완성하게 하여야 한다.

위험 소거는 공격, 자기상해, 도망과 같은 위험성이 있는 행동에 사용되는 소거 기법을 말한다. 위험 소거는 그 자체가 위험성을 지니고 있다고도 할 수 있다. 왜냐하면 소거는 목표 행동이 감소되기 전에 이를 강화하는 속성을 가지고 있기 때문이다. 예를 들어, 아동이 차도로 뛰어들겠다고 위협할 때 그러한 행동을 소거하기 위해서 모른 척하고 있으면 실제로 아동이 뛰어들 수도 있다. 따라서 위험 소거는 시행하기 전에 반드시 그것이 지니는 위험성을 고려하여야 한다.

혐오자극은 아동이 바람직하지 못한 행동을 할 때마다 신체적 고통이나 불편을 느끼게 하는 자극을 주는 것을 의미한다. 혐오자극의 사용에 대한 반대는 부작용을 일으키는 약물의 사용에 대한 반대보다 더 강하므로 이러한 치료법은 약한 혐오자극에 반응하지 않을 위험성이 있는 행동을 치료하고자 하는 경우에만 사용하는 것이 바람직하다. 바람직하지 못한 행동을 억제할 때 혐오자극을 사용하면 일반적으로 그 효과가 상당히 빠르게 나타난다. 그러나 이러한 절차는 훈련을 받은 치료자에 의해서, 완화할 수 있는 것에만, 그리고 구체적으로 정의된 목표행동에만 사용해야 한다. 혐오치료는 아동에게 그 절차가 사용된 상황과 동일한 상황에서 아동의 행동을 중단하는 것만을 학습하게 할 수 있다.

(3) 놀이

놀이는 아동의 발달에 매우 중요한 요소로서, 아동의 활동을 자연스럽게 강화하므로 재미있게 실험하고, 발견하며, 학습하여야 한다. 아동은 놀이를 하는 가운데 다른 사람과 더불어 사는 것이 좋다는 것을 배우게 되며, 인류의 한 성원이 된다는 것이 즐거운 일임을 배우게 된다. 부모는 이와 같은 아동과 치료자 간의 명랑한 상호작용을 관찰하여 가정에서 그들 나름의 방식으로 재미있는 일을 해 볼 수 있다. 부모의 이러한 태도는 가정생활도 돕게 되고, 명랑한 분위기는 가정이나 치료시간의 모든 자극적인 접촉에서 유지되기 때문에 아동은 어떤 한 상황에서 배운 것을 다른 장소에서 쉽고 자연스럽게 일반화시킬 수 있게 된다.

이러한 행동수정에 근거한 치료 외에도 심리학적인 이론에 근거하여 자폐 아동을 다루는 다양한 치료기법이 개발되어 있다. 자폐 아동을 치료하기 위해서는 자폐 아동의 신경계의 기능에 대한 이해뿐만 아니라 자폐증의 기원, 임상적 특징 등에 대하여 자세히 알고 있어야 한다. 그리고 문제행동 자체뿐만 아니라 다양한 영역에서 건강한 적응을 할 수 있도록 다양한 개입을 시도할 수 있을 것이다.

2) 자폐 아동의 치료 시 고려할 점

자폐증의 치료 프로그램은 각 개인의 결핍을 조절하기 위하여 발달 과정에 기반을 두고 있어야 하며, 아동의 정서와 특징적인 증상에 초점을 맞추어 적용되어야 한다. 러터는 치료의 4대 초점을 인지 발달, 언어 발달, 사회성 발달, 전반적인 학습 기능의 향상에 두어야 한다고 주장하였으며, 이에 덧붙여 이상행동의 감소와 바람직한 행동의 증가에도 초점을 두어야 한다고 하였다. 이러한 자폐증의 여러 증상을 감소시키기 위한 치료에는 보통 약물치료도 함께 이루어진다.

자폐 증상에 대한 치료는 부모에게도 세심한 지도를 할 수 있어야 하며, 필요한 경우는 부모가 상담을 받기도 한다. 치료는 아동의 정상적인 발달을 목표로 하며, 이를 위하여 치료자는 아동의 발달 이상에 대해 연구하고, 교정시키기 위하여 노력하여야 한다.

아동의 인지 기능의 이상을 증진시키기 위해서는 우선 아동에게 의미 있고 능동적인 경험을 촉진시키는 것이 필요하다. 자폐 아동은 간단한 의사소통을 하는 데에도 이해가 부족하고, 사회적으로 교류하는 데 필요한 자발성이 부족하기 때문에 구조화되고 직접적인 학습 경험을 위주로 아동을 치료하여야 한다. 그리고 아동에게 부족한 특수한 인지적 기능을 발달시키기 위하여 적절한 발달 수준을 고려하여 직접적이고 지시적인 지도를 내려야 한다.

자폐 아동이 사회적 의사소통에 어려움을 보이는 증상은 아동과의 장기간 동안 계획된 의사소통과 상호작용을 통해 향상될 수 있다. 자폐 아동의 사회적 상호작용이 어려운 이유는 사람들 간의 언어적 경험을 구조화하여 대화하는 동안 상대방에게 주의를 기울이는 대인관계 경험을 못해 보았기 때문이다. 사회적 상호작용을 효과적으로 하기 위해서는 다른 사람의 입장을 고려하고 다른 사람의 입장에서 생각해 볼 수 있는 능력이 필요하다. 따라서 언어의 사회적 사용을 효과적으로 학습시키기 위해서는 아동에게 직접적이고 지시적으로 가르쳐야 한다. 지능이 높지 못한 자폐 아동의 경우 수화 등 대안적인 의사소통방식을 사용하면 도움이 될 수 있다.

자폐 아동의 사회성을 발달시키기 위해서는 기쁘고 편안한 대인관계를 경험할 수 있도록 도와주어야 한다. 치료자는 아동의 사회적 교류에 초점을 맞추어 아동의 주의를 끌도록 노력하여야 하고, 아동이 다른 사람과 눈을 맞추어 이야기를 듣는 습관을 기르도록 훈련시켜야 한다.

자폐 아동의 전반적인 학습 능력을 향상시키기 위해서는 아동이 사건의 의미를 잘 이해하지 못한다는 점에 주의하여야 한다. 자폐 아동은 이해력이 부족하기 때문에 치료자는 아동의 경험 학습을 주의 깊게 관찰하여 아동이 환경에 계속적으로 주의를 기울이도록 도와주어야 한다. 그리고 아동이 학습한 것을 새로운 환경에 일반화시키도록 도와주어야 한다.

말을 할 수 있고 나이가 든 아동들 중에는 사회적 상호작용을 할 수는 있지만 사회에 잘 적응하지 못하는 자폐 아동들이 있다. 이들에게는 사회인지적 접근을 적용하여 다양한 사회적 상황에 대처할 수 있는 방법을 학습시킬 수 있다. 타인의 의도를 잘 알아차리지 못하는 자폐 아동은 동료들에게 놀림을 받을 수 있고, 또 다른 사람들이 자신을 놀리고 있다는 것을 알지 못할 수 있다. 또한 다른 사람의 관심 내용을 잘 알지 못하기 때문에 주로 제한된 주제만으로 단조로운 대화를 하기 쉬우며, 일반적으로 다른 사람이 자신과 관심을 공유할 수 있다는 것을 인식하지 못하여 자신의 행동에 대한 다른 사람의 반응을 기대하지 못하기 때문에 사회생활에 잘 적응하지 못할 수 있다.

이러한 마음 이론에 초점을 둔 접근방식은 다른 사람의 느낌에 무감동하고, 대화에서 다른 사람의 입장을 잘 고려하지 못하며, 다른 사람의 의도를 잘 알아차리지 못하고, 다른 사람의 대화에 어느 정도 관심을 기울이는지 알지 못하는 자폐 아동의 능력을 고려한 접근방식이다.

자폐 아동의 치료와 교육에서는 부모의 역할이 매우 중요하다. 부모는 보조 치료자로서 자폐 아동의 교육에 매우 핵심적인 역할을 담당한다. 치료자는 부모와의 상담을 통해 자폐 아동의 특성을 진단적으로 분류할 수 있고 그 원인을 탐구할 수 있다. 따라서 정동이나 행동조절을 효과적으로 적용시키기 위해서는 부모 역시 아동의 어려움 정도를 명확히 파악하여 적절한 발달 수준에 맞추어 아동과 함께 치료에 참여하여야 한다. ❖

2. 약물치료

자폐 아동에 대해서 약물치료가 이루어지기는 하지만 자폐증 치료에 특정한 약물이 있는 것은 아니며, 특정 증상을 대상으로 한 약물치료가 이루어지고 있다. 이러한 증상에는 과잉행동, 충동성, 부주의, 공격성, 정동적인 변화무쌍함, 강박적 행동, 자해행동, 정신증 증상, 우울 증상 등이 포함된다.

자폐증을 지닌 아동이나 청소년에게 주의력결핍 과잉행동 장애attention deficit/hyperactivity disorder: ADHD의 진단이 내려질 수 있는데, 이때 클로니다인clonidine을 사용하여 아동의 증상을 치료할 수 있다. 적은 용량의 항정신증 약물은 과잉행동, 공격성, 일시적인 정신증 증상 등을 치료하는 데 도움이 된다. 그러나 부작용이 나타날 수 있으므로 주의하여야 한다. 불안이나 공격성을 치료하는 약물들예: 부스피론, 프로프라노돌도 자폐 아동에게 사용할 수 있으며, 세로토닌 흡수 억제제인 클로미프라민

clomipramine은 분노, 강박행동, 의례행동을 감소시키는 데 상당한 효과를 발휘한다.

할로페리돌haloperidol은 다양한 증상을 감소시키고 교육 학습을 촉진시키는 효과가 있는 것으로 알려져 있지만, 파킨슨병과 같은 부작용을 일으키고 몸무게를 증가시키며 근육 이상을 일으킬 수 있다. 펜플루라민fenfluramine은 세로토닌을 감소시키는 약물로서 행동 증상과 자폐 증상을 감소시키는 효과를 가지고 있으나, 정신과적인 증상을 악화시키고 불면증과 안절부절못하는 증상 등의 부작용을 일으킬 수 있다. 아편 길항제opioid antagonist인 날록손naloxone도 과잉행동, 충동성, 공격성을 감소시키고 언어 발달과 사회적 행동을 촉진시키는 효과가 있는 것으로 알려져 있다. 플루옥세틴fluoxetin 등과 같은 SSRIs Selective Serotonin Reuptake Inhibitors는 뇌에서 세로토닌의 불균형을 개선시키는 것으로, 자폐 아동이 강박적인 집착을 보이던 행동이나 일을 중단할 때 생기는 불안감이나 공격적인 행동에 효과가 있다. ◆

3. 정신분석 심리치료

자폐 아동의 심리치료는 다른 심리장애에서처럼 다양한 치료적 접근이 수행될 수 있다. 앞서 다룬 행동적 접근은 주로 학습심리학적인 이론을 바탕으로 아이에게 문제가 되는 행동들을 직접적으로 다루는 다양한 치료기법으로 구성되어 있다. 이러한 접근을 통해 문제가 되는 행동보다는 보다 바람직한 행동을 배우고 학습하는 기회가 제공된다.

자폐 아동은 외현적인 행동 측면에서 많은 문제를 드러내지만, 추동이나 정동 조절의 측면 그리고 사람들과의 일상적인 관계나 의사소통 측면에서도 심한 장애를 보인다. 이러한 측면은 정신증 상태나 경계선 성격장애 그리고 자기애성 성격장애와 같은 초기 장애에서도 드러나는 매우 심각한 장애로볼 수 있다.

정신분석 심리치료는 프로이트Freud의 정신분석 이후로 많은 발전을 거듭하였으며, 생의 발달 초기에 구조적 결핍과 관련된 다양한 심리장애를 효과적으로 치료하는 다양한 기법이 임상장면에서 활용되고 있다. 이러한 정신분석 기법들을 적절하게 활용하기 위해서는 치료자 스스로 분석을 받을 필요가 있고, 치료와 관련하여 체계적이고 장기적으로 집중적인 훈련을 받아야 한다. 이러한 훈련을 통해 상담자는 내담자와의 상호 주관적인 만남의 장에서 객관적이고, 주관적이며, 장면적인 정보들을 적절하게 활용하고 다룰 수 있게 된다. 정신분석의 일반적인 이론과 기법들은 다른 책들에서도 이미 소개되어 있으므로 여기에서는 자폐증과 관련하여 소개하고자 한다.

1) 자폐증의 정신분석 이론

(1) 자폐적인 철수

터스틴은 두 가지 형태의 자폐적인 철수를 논의하면서 두 유형의 자폐증에 대하여 언급하였다. 첫째로, 단절된 encapsulated 아이는 '나 아닌' 모든 경험을 완전히 부정하는 자가생성적인 신체감각의 '자폐적인 갑옷'을 입는다. 이 아이의 마음에는 자신의 신체와 어머니의 신체가 솔기 없이 연속되어 있다. 대조적으로, 어느 정도 분화된 뒤엉킨entangled 아이는 자신의 신체와 어머니의 신체가 서로 풀 수 없게 뒤엉키고 혼동

되어 보호받는다는 느낌을 갖는다. 이런 경우 최소화가 있지
만 분리를 완전히 없애지는 못한다.

결국 단절된 유형의 아이는 어머니와 신체적으로 완전한
연속성을 가진다는 착각을 증가시키는 자가생성적인 신체감
각을 통해 모든 '나 아닌' 경험에 대해 방어하고, 뒤엉킨 유형
의 아이는 분리 경험을 최소화하기 위해 어머니의 신체 내에
감싸여 있다는 보호적인 착각을 만들어 낸다.

(2) 점진적인 탈착각

위니컷Winnicott이 말하는 '충분히 좋은 어머니good enough
mother'의 양육이 아이의 요구 상태에 부응하는 한, 아이의 환
각적인 소망과 그에 따른 욕구 상태는 상승하지 않는다. 하지
만 아이가 욕구 충족에 대한 의존성과 정서적으로 분리된 어
머니를 받아들이려면 어머니로부터 점진적인 탈착각
disillusionment이 일어나야 한다.

중간 현상이 나타나는 시기는 점진적이고 발달적으로 상처
없이 받는 것을 포기하는 시기이고, 중간 대상transitional object이
이러한 포기를 이끈다. 중간 대상이란 아이들이 잠자러 갈 때
와 같이 일차적인 애정 대상으로부터 정서적으로 분리될 경우
에 사용하는 부드러운 담요나 장난감 같은 물건들이다. 이러
한 대상은 종종 어머니의 일부로 여겨지는 특징적인 냄새나

느낌을 가지고 있다.

아이의 입장에서 보면 중간 대상은 전지전능하게 창조되고 통제되어 있으며, 객관적으로 실재하는 것이다. 이러한 시기를 적절히 넘어갈 수 있는 분위기가 어머니에 의해 제공되면 아이는 전지전능하게 창조된 주관적인 세계에서 다소 상호 조작적이고 객관적으로 지각되는 대상 세계로 점진적인 변화를 보인다.

그러나 유아자폐증에서는 이러한 중간 과정이 나타나지 않는다. 이 경우는 유아기 때에 하나됨oneness에 관한 착각을 확립한 적이 없기 때문에 성숙을 증진시키는 탈착각도 없다. 분리를 의식하게 되면 욕구를 충족시켜 주는 어머니와 관련된 급박한 욕구, 좌절된 바람, 보상적인 환상과 만족 경험은 자동적으로 아이의 신체와 항상 가용한 어머니의 신체를 보상하는 자가생성적인 감각들로 대체된다. 이렇게 해서 아이는 상처를 감쌀 수는 있지만, 주위 사람들과 생성적인 접촉 경험을 갖지는 못하게 된다.

(3) 분리 경험

이러한 아이들은 소멸공포primitive agonies, unthinkable anxiety, Winnicott; black hole experiences, Grotstein를 피하기 위해 자폐 대상과 자폐 형상을 즐겨 사용한다. 자폐 대상은 주로 단절된 유형의

아이가 신체감각을 느끼려고 사용하는 것으로, 주먹에 쏙 들어가는 플라스틱 장난감 같은 것 등이다. 이러한 장난감은 일상적인 놀이의 경우처럼 외부의 실제 대상을 대표하는 것이기보다는 아이에게 독특한 중요성을 지니는데, 이는 신체와 외부 세계가 완전히 연속적인 것으로 경험되는 자가생성 감각을 제공한다. 반면에 보다 분화된 엉킨 유형의 아이는 신체가 외부 세계와 연속적으로 경험되는 것이 아니라 서로 섞여 있다. 자폐 형상예: 오줌, 침, 똥, 베개나 담요 같은 부드러운 대상은 신체가 섞여 있다는 느낌을 주는 부드러움, 끈적끈적함, 미끈거림 등과 같은 신체표면 감각을 자극한다.

이러한 자폐 대상과 자폐 형상은 가용하지 않은 어머니를 일시적으로 대체한 것이 아니라, 어머니와 이것들을 바꿔치기한 것이다. 이것들은 대상 상실의 고통을 마비시키려고 채택된 것으로, 끔찍한 심리적 고통은 피할 수 있지만 그 심리적 대가가 너무 크다. 자폐 대상과 자폐 형상을 사용하면 생성적인 대상관계object relations를 배제시키게 되고, 심리적인 상처를 결코 치유하지 못하며, 분리 경험은 참기 어려운 불안을 계속 자극한다.

터스틴은 심인성 자폐증에 대한 연구를 꾸준히 진행하였다. 그녀에 의하면 참을 수 없는 원시적인 불안은 젖꼭지나 가슴으로부터 찢겨나가는 것과 같은 유아의 감각과 관련된다고 보았다. 이러한 환상들은 대상과의 관계에서 불연속을 경험하는 원시적인 형태를 표상한다. 여기에서 중요한 것은 분리라는 구체적인 사실이 아니라 자기 존재가 분리된 것이라는 주관적인 의식이다. 터스틴이 언급하였듯이, 이러한 의식이 아이가 아직 충분히 통합할 수 없을 때 미숙하게 발생하면, 그러한 상실은 대상 상실뿐만 아니라 그 자신의 실체 일부를 찢어내는 것으로 경험된다.

정상적인 초기 유아 발달에서는 분리separation에 대한 자각이 빨기와 어머니와의 신체적인 상호작용과 같은 자가감각 활동들을 통해 견딜 만하게 된다. 이와는 대조적으로, 심인성 자폐증은 초기 어머니와 유아의 상호작용에서 와해된 심리내적 파생물들을 나타낸다. 타인과의 관계와 정동 경험을 조절하는 생래적이고 붕괴되기 쉬운 유아의 잠재력과 어머니의 정동적 가용성이 상호작용하여 어머니와 신체적으로 융합된 병인적인 자기 상태가 남게 된다. 이렇게 원초적이고 무의식적인 신체 융합 환상에 기초한 피할 수 없는 분리 경험은 유아에게 끔찍한 신체 해체감을 촉발시킨다. 분리 경험은 분리 불안을 자극하기보다는 가장 원초적인 단계에서 소멸 공포를 초래한다.

(4) 결핍 역동과 갈등 역동

자폐증에 관한 터스틴의 이론과 관련하여 후젤Houzel은 자폐증에 대해 다음과 같이 썼다.

> 모든 대상관계는 자기와 외부 대상 간의 불연속 경험과
> 관련하여 심리적인 에너지가 결핍되는 것으로부터 야기된
> 다. 이러한 에너지 결핍은 우선적으로 추동이 억지로 자기
> 를 아찔아찔하고 파괴적인 곳으로 위협해서 밀어 넣는 벼랑
> 처럼 경험된다. 가장 원시적인 불안은 이런 낙하에 의한 파
> 괴 위협과 관련된 것으로 보인다. … 하지만 이렇게 운 좋은
> 만남이 부재하면 에너지 결핍은 파괴적인 벼랑처럼 남게 된
> 다. 이것이 바로 아이가 자폐증으로 가는 상황이다. 소멸을
> 피하려는 그의 유일한 희망은 어떠한 격차, 어떠한 거리, 어
> 떠한 시간 경과, 어떠한 차이나 다른 것을 제거함으로써 파
> 괴적인 결핍을 없애려는 시도다.

후젤의 견해에서 이러한 결핍 역동은 아이로 하여금 개별
化individuation를 하지 못하게 하며, 기껏해야 서로를 지지하는
공생관계로 두 실체를 유지한다. 자기와 대상을 뒤엉킴으로부
터 자유롭게 하고 개별화가 일어나기 위해서는 갈등 역동이
필요하다. 후젤은 결핍 역동은 어머니의 기능과 관련되고, 갈
등 역동은 아버지의 기능과 관련된다고 보았다.

자폐적인 경험의 뿌리에는 첫 소통의 실패가 있다. 이러한

실패에 기여하는 많은 가능한 요인은 한편으로는 유아의 다양한 종류의 감각적인 결함이고, 다른 한편으로는 어머니의 심각한 우울이다. 이것은 유아의 투사를 수용하거나 감내하지 못하게 만들고, 유아의 불안을 접촉하지 못하게 막는다. 그러므로 어머니의 물리적인 부재가 아니라, 어머니 존재의 질이 중요하다. 어머니의 심리적인 부재 때문에 만남이 일어나지 않는 것이 문제인 것이다.

2) 전이와 역전이

자폐적이고 경계선적인 아동과 작업할 때 역전이를 활용하는 것은 매우 중요하다. 이러한 아동들은 인지와 정서적 발달에 심하게 장애가 있기 때문에 정서를 담을 수 있고, 의미가 부여되며, 상징이 형성될 수 있는 삼차원적인 내적 공간이 수립되지 않았다.

자폐 아동은 공간과 시간 표상이 결여된 이차원적인 기능 양상을 보이기 때문에 치료 세팅의 안정성이 매우 중요하다. 프랜치French는 치료가 진행됨에 따라 아이는 치료자의 역전이에 반응하여 점차로 전이가 일어나며, 지속적이고 일관된 치료 후에 좀 더 건강한 발달과 안정감으로 이끄는 안정된 대상을 내사하게 된다고 하였다. 그녀는 후젤과 터스틴의 연구를 참고하여 자폐 아동의 치료에 대한 이론적인 배경을 논의하였다. 최근 들어, 부쉬Busch는 치료자를 무생물처럼 대하는 자폐 아동을 정신분석적으로 치료한 여러 사례를 보고하였는데, 치료자의 고르게 떠 있는 주의를 통해 '접촉의 순간moments of contact'에 도달하고, 그것이 '공유의 순간'으로 합쳐지면서 자폐 아동과 '원시적 대화primal dialogue'가 되살아나는 경험들을 여러 사례에서 기술하고 있다.

자폐 아동은 상징화 능력이 없기 때문에 자신의 환상이나 정서가 투사되는 대상으로서 장난감이나 놀이를 활용하지 못한다. 그리고 자폐 아동과 같이 심리구조적인 결핍이 있는 경우에 대상과의 분리 가능성 지각은 파괴적인 추락과 관련된 심한 불안을 일으키게 되어 대상관계가 끝없는 구멍을 향해 파괴적으로 추락하도록 이끄는 벼랑으로 경험될 수 있다.

심리치료를 통해 자폐 아동은 이전의 무한하고 축이 없었던 심리적인 공간에서 재극화re-polarising된다. 처음에 이러한 공간은 불안정하고 신뢰롭지 않은 대상을 담고 있었지만, 결국에는 좋은 대상을 생각할 수 있고 자기 안에서 유지하려는 소망을 지속시킬 수 있게 된다.

전이와 역전이

전이transference란 한 사람이 과거에 가졌던 의미 있는 인간관계에서 체험한 소망, 기대 혹은 좌절 등이 지금 여기에서 만나는 상대**분석가나 상담자**와의 관계에서 무의식적으로 활성화되면서 반복되는 현상을 말한다. 프로이트는 치료자가 이 현상을 객관적으로 발견하고 이해하여 내담자에게 적절한 상황에서 언어화할 수 있을 때 치료에 결정적인 효과를 낸다는 것을 밝혔다.

프로이트는 처음에 역전이counter transference를 내담자의 전이에 대한 분석가의 무의식적 반응으로 이해하였다. 이후에 역전이에 대한 연구가 활발하게 진행되어 현재는 역전이에 대한 폭넓은 이해와 활용의 폭이 증대하였다. 분석가의 모든 감정은 내담자의 전이와 연결될 수 있고, 내담자가 소화할 수 없는 어떤 내용일 수도 있기 때문에, 분석가는 이러한 마음의 움직임을 상담과 치료에 활용할 수 있다.

클라인Klein은 분열성 내담자를 치료하면서 분석가의 감정적인 반응이 분석가 자신의 감정이라기보다는 내담자 스스로 의식하기 어려운 감정이나 체험을 대신 느끼는 현상임을 발견하였는데, 이를 투사적 동일시projective identification라고 명명하였다. 이 개념은 비온Bion, 옥덴Ogden, 컨버그Kernberg 등의 정신분석가들에 의해 수정되고 다듬어지면서 심리구조가 취약한 초기 장애 환자들을 치료하는 중요한 치료기법으로 활용하게 되었다. 역전이 현상이 아예 일어나지도 않거나 이에 대한 확실한 이해가 없으면 간직하기, 버텨 주기와 같은 깊은 공감을 수반하는 기법들을 활용할 수 없을 것이다(윤순임 외, 1995).

(1) 전이

심한 심리장애에 대한 관심이 증가하면서 정신분석적 심리치료는 전이와 역전이에 더욱 관심을 두고 있다. 대부분의 치료자는 전이와 역전이가 내담자의 심리 기능에 접근하는 가장 좋은 수단이라는 것을 확신한다.

프로이트는 그의 연구에서 여러 번 전이와 관련된 주제를 언급하였다. 처음에 그는 전이가 일종의 저항이며 분석 작업을 방해하는 것으로 보았다. 하지만 나중에는 전이를 초기 부모와의 관계뿐만 아니라 심리적인 갈등을 분석가에게 재현하는 것으로 보았다.

전이는 올바르게만 사용된다면 분석가의 작업에서 가치로운 동반자가 될 수 있다. 전이 공간이 심리표상의 특별한 장으로 여겨지면서 전이 해석은 치료에 필수적인 도구가 된다.

분석적인 실제의 직접적인 결과로 인한 이러한 개념적인 혁명 후에 분석 작업은 전이에 초점을 두게 되었다. 특히 클라인은 이 주제에 중요한 공헌을 하였다.

전이의 본질적인 측면은 과거와 현재 간의 관계가 아니라, 의미가 생성되는 내적인 세계 간의 관계이며… 내사된 대상들 중의 하나이고 출생 이후에 연속되는 투사와 내사에 의해 수립된다. 투사는 소멸불안에 의해 유발된다. 클라인

은 불안을 느끼고 불안에 방어하는 통합되지 않은 자아가
있다고 가정한다(Barros, 1991).

클라인은 이미 전이가 반복되는 강박 효과에 의해 각성되
고 의식화된 충동과 환상의 복제가 아니라, 분석가와 지금 여
기에서 내재화된 대상관계를 존재하게 한 것이라고 보았다.
이러한 세계를 있게 하고 상호관계를 가지는 내적 대상이 전
이를 이해하는 열쇠다. 이러한 사고는 대상관계 이론의 기초
가 되었다. 이렇게 분석 작업을 통하여 분석가와 피분석자의
밀집된 만남의 장면에서 드러나는 여러 가지 정보를 통합하게
된다.

분석은 내담자의 내적 세계가 드러나는 과정이라고 볼 수
있는데, 분석가는 내담자가 사고할 수 있도록 충분히 거리를
유지하면서도 내담자와 접촉을 잃지 않을 정도로 충분히 가까
워야 한다. 이럴 경우 내담자에게 분석가는 생명이 없는 대상
이거나 살아 있는 대상을 대체하는 어떤 것을 표상할 수 있다.
혹은 살아 있는 부분 대상이거나 전체 대상이지만 항상 특정
의 형용사예: 좋은, 나쁜, 존재하는, 없는, 이상화된, 모욕적인 등로 평가된다.

클라인은 아동분석의 기법에 관심을 두었으며, 객관적으로
존재하지 않는 자료가 나타나는 작업 방식인 전이의 중요성을
강조하였다. 상징화는 그녀의 기법에 함축된 필수적인 요소

다. 상징화를 통해 아이는 자신의 불안, 환상, 죄책감을 사람뿐만 아니라 사람과 관련된 상징으로서 장난감에 전이하게 된다. 놀이는 실제로 아동 활동의 한 부분이기 때문에 상징화하는 능력은 추론 과정의 중요한 도구가 된다.

여기에는 두 가지 중요한 문제가 제기된다. 첫째는, 인지적이고 정서적인 발달에서 심각하게 장애를 보이고 가장 기본적인 상징 과정조차도 획득된 것 같지 않은 혹은 초보적인 상태로 상징을 가지고 있어서 통상적인 방식으로 표현할 수 없는 아동들을 어떻게 다룰 것인가. 둘째는, 아동들이 자신의 내적인 세계를 투사하는 데 장난감혹은 분석가을 가지고 놀지 못하거나 사용하지 못하고 언어로 자신을 표현하지 못한다면 전이가 어떻게 관찰될 수 있는가다.

클라인의 내적 세계에 대한 기술은 그것이 외부 세계와 분리되어 상호 관계하는 대상을 담고 있는 내적인 공간의 존재를 가정한다. 그녀가 기술하는 상황은 삼차원적이다. 내부가 외부로부터 경계, 장벽 혹은 심리적 피부에 의해 분화되고 분리된 것으로 받아들여지는 개념으로서 삼차원은 공간과 시간의 경험, 사고로 표현될 수 있는 정서의 간직, 그러한 정서에 의미를 부여하고 상징을 형성하는 것을 허용하는 것이다. 이 차원이 없으면 정서적인 경험이 부재한 사고를 이해하고 이차원적 경험을 소통하기 위한 개념적인 도구가 부족할 것이다.

이차원을 극복할 수 없고 의미가 없는 세계가 존재하는 것은 자폐 상태의 주된 문제다. 자폐 상태에는 삼차원이 없다. 이 상태는 공간 표상이 존재하지 않아서 내부나 외부가 그런 식으로 경험될 수 없다. 문제는 개별화하고 정체감을 구성하게 하기 위해 아이의 세계에 분석가가 어떻게 들어가고, 과거를 기억할 수 없거나 현재를 살 수 있는 공간이 없는 단일한 평면에 국한된 마비되고 평평한 세계에 어떻게 움직임을 불어넣을 것인가다.

처음부터 원초적인 자아 기능이 삼차원이라고 가정하는 클라인의 기술을 고려하면, 가장 두드러진 특징이 이차원성인 이러한 아이들과의 접촉은 새로운 이론의 발달로 이끈다. 아이들과의 이러한 작업은 기법적인 정교함이 상당히 요구된다.

가슴과 어머니에 대한 유아의 관계에 관한 클라인 이론에서 비온이 강조점을 변화시킨 것은 매우 중요하다. 비온은 어머니가 유아에게 특정의 심리 기능을 수행해야 한다고 보았다. 혼동 상태나 사고와 정교화 역량을 넘어서는 정서 경험에 당면하면, 아이는 자신의 불안한 부분을 어머니의 가슴에 투사한다. 아이에 의해 가슴으로 경험된 어머니의 마음은 아이의 투사를 수용할 수 있고, 사고 기능을 수행할 수 있으며, 사고로 표현될 수 있는 상태로 아이의 불안한 부분을 되돌려 줄 수 있어야 한다. 이러한 변형이 비온이 말하는 어머니의 알파 기능alpha function이다.

아이의 혼란스러운 경험에 질서를 부여하는 것은 어머니의 상상 능력이며, 아이에게 좋은 대상간직하고 사고하는 대상을 내사하게 해 주는 것은 어머니의 정서적인 가용성이다. 그리고 일단 사고로 표현되고 이해되면 관계의 정서적인 경험을 통해 심리 발달이 일어나게 될 것이다. 비온의 수정은 외부 대상어머니 혹은 어머니 대체물의 역할과 기능에 중요성을 한층 더 부여하였다. 즉, 치료 장면에서는 분석가가 내담자의 의식적·무의식적 정동 경험을 적절히 간직하고 정교화하며 변형해 주는 기능이 중요하다는 것이다.

(2) 역전이

역전이는 심리 기능의 기본적인 과정인 투사적 동일시를 인식하게 해 주는 내담자와 관련된 분석가 자신의 경험이다. 전이의 상대물로서 역전이는 가치 있는 작업도구이며, 특히 자폐적이고, 정신증적이며, 경계선적인 내담자들과 관계된 치료 작업에서 매우 강력한 도구로 활용된다. 이러한 내담자들에게서 분석가들은 광범위한 정서를 경험한다. 만약 치료자가 편견 없이 그것들을 느낄 수 있고, 행동화하기보다는 사고로 여길 만큼 충분한 거리를 유지할 수 있으면, 역전이는 내담자의 심리 세계에서 발생하는 살아 있는 상징이 된다. 만

약 치료자가 이러한 정서를 경험할 수 있고 그것들이 제공하는 정보를 활용할 수 있으면 또 다른 귀중한 동반자를 갖게 될 것이다.

치료자는 내담자의 입장에서 느끼면서 충분히 혼란스러울 수 있어야 하고, 동시에 내담자의 자아즉, 생각하는 자기가 자라서 이런 과제를 가정할 수 있을 때까지 내담자와 함께 생각할 수 있을 정도로 충분히 건강해야 한다. 역전이에 대한 이론적인 입장은, 내담자에 의해 투사된 대상과 분석가의 내적인 대상이 응축되는 전이와 역전이 양상을 형성하기 위해 전이와 역전이의 완전한 혼합을 포함한다. 그것은 건강한 역전이와 병리적인 역전이를 구분하는 문제 혹은 저항으로 일어나는 것과 유용한 것을 구분하는 문제가 아니라, 내담자의 투사와 분석가의 내적인 대상으로부터 내담자와 분석가의 무의식을 어느 정도 밝힐 수 있는 공통 의미를 선택하고 추출하기 위해 전이 경험을 정교화하는 것이다. 이것이 위니컷이 「전이의 임상적인 다양성」이라는 논문에서 채택한 입장이다.

위니컷에 의하면 초기의 모성적인 보살핌이 부족한 이러한 내담자들에게는 원초적인 동일시로부터 벗어나서 연속적인 존재감과 자신의 추동과 소망을 자신에게 속한 것으로 경험하게 하는 진정한 자아를 형성하게 해 주어야 한다. 로젠펠드 Rosenfeld 또한 『난국과 해석Impasse and Interpretation』에서 분석가 자신이 경험하는 것을 관찰하고 이것을 내담자와 소통하는 데 활용해야 한다고 기술하였다. 이러한 측면들은 자아가 통합되지 않고 분열되어 있거나 상당히 깨지기 쉬운 내담자와 작업할 때, 그러므로 특히 아동분석에서 매우 가치롭다.

(3) 아동분석에서의 역전이

역전이 작업은 내담자의 성격이 충분히 통합되지 않았을 때 자기의 부분들이 담을 곳을 찾으려 할 때나 상징 형성이 발달되어 있지 않거나 불완전할 때 특히 필요하다. 자폐 아동과 작업하는 분석가는 다른 내담자에게서 볼 수 있는 것과는 다른 입장을 발견한다. 이들은 전이관계의 반복에 관심을 두기보다는 거의 자신의 역전이만을 가지고 작업을 시작한다. 전이는 분석가의 역전이에 대한 반응으로 점차로 형성될 것이다.

관계의 생동성은 분석가의 희망과 동기에 달려 있다. 전이의 출현은 아이의 정서 발달에 필요한 투사와 내사 과정의 시작을 나타낸다. 그러므로 분석가는 항상 자신의 동기와 역할에 세심한 주의를 두어야 한다. 분석가는 자신의 다양한 마음 상태와 계속 접촉을 유지할 필요가 있고 또한 분석적인 만남과 그 현상을 항상 고려해야 한다.

3) 세팅

분석적인 세팅은 주로 심리적인 것이다. 고정된 시간과 규칙적인 회기, 적당하고 적절하게 준비된 방, 장난감, 그리기와 색칠하기 재료 등과 같은 자기표현 수단이나 재료, 상황들이 구현되어야 한다.

심리적인 세팅은 또한 분석가 자신의 개인분석, 훈련, 자기분석 능력에 기초한 역량들을 포함한다. 이러한 역량은 가장 원시적인 수준을 포함하는 모든 수준에서 아이와의 의사소통을 수용하고, 의사소통될 수 있는 의미가 나타날 때까지 이것들을 유지하는 것이다. 그러므로 세팅은 치료 회기 동안의 분석가의 심리적인 기능이라고 할 수 있다.

자폐 아동이 분석가에 의해 제공되는 의미들로부터 생겨나는 새로운 경험의 가능성에 당면하게 되면서, 실제 상담실 공간이나 회기 길이와 같은 세팅의 구체적인 측면들은 매우 중요해진다.

자폐 아동은 경험의 삼차원적인 양상에 선행하는 경험을 가져야 한다. 또한 분리의 고통에 당면할 수 있기 이전에 시간과 공간의 현실을 인식하기 시작해야 한다. 하지만 이들은 시간과 공간 경험과 관련된 모든 것을 제거하려 하고, 제한이 없고 동형구조인 공간으로 상담실을 사용하려고 한다.

이차원적인 기능은 시간과 공간 표상의 바깥에 아이를 위치시킨다. 분석가가 아이의 심리적인 현실을 이해하려면 이러한 사실을 항상 의식하고 있는 것이 중요하다. 그러므로 분석적인 만남을 위해서는 구체적이고 항상적인 공간, 현실적이지만 결코 무제한적이지 않은 공간, 그리고 구체적이고 일정한 시간이 유지되는 일련의 회기들이 필요하다.

자폐 아동과의 만남에서 분석가는 분석가 자신의 내적인 세계와 느끼고 생각하는 능력을 활용하고, 내담자와 상호작용하는 시간과 공간의 삼차원적인 현실에 관심을 둔다. 그러나 자폐 아동은 새로운 가능성을 따르기보다는 자폐적인 기능 양상을 전개해 나갈 것이고, 여전히 한 장소가 다른 장소와 똑같은 것처럼 행동할 것이다.

이들의 마음은 상이하고 제한된 공간과 관련된 유의미한 경험이 아니다. 또한 시간이 존재하지 않으면 회기 시간과 비회기 시간 같은 것은 존재하지 않아서 분리 위험이 회피된다.

분석가는 외적인 세팅과 내적인 심리 공간 모두에서 현실적이지만 제한된 시간과 공간들을 제공한다. 일단 삼차원적인 공간이 형성되면 자폐 아동은 끝과 한계가 있는 추락을 경험하게 되고, 이를 통해서 경험들을 더욱 감내할 수 있게 된다.

4) 자폐증 성인의 정신분석 심리치료

코헨Cohen은 아동기 자폐증에 대한 터스틴의 이론을 자폐증 성인들에게도 적용할 수 있다고 생각하였다. 이들에게 자폐적인 보호막을 제거하고 이들을 새로운 대상관계로 들어가게 하려면 어떻게 할 수 있는가?

(1) 역전이 극복

무엇보다도 분석가는 자폐적인 장벽에 대한 반응으로 일어나는 역전이를 인식하고 극복해야 한다. 이것은 지루함, 졸림, 메마름, 무기력, 무의미와 고립감 같은 압도적이고 강력한 경험이다. 분석가는 무력화시키는 마비와 싸우기 위해 낙서와 간단한 노트필기를 할 수도 있으며, 그럼으로써 분석가 자신이 생각할 수 있는 공간을 만들어 낸다. 위니컷도 분석시간에 종종 잠을 자는 심하게 철수된 내담자를 분석하는 동안에 낙서를 하였다. 릴리Riley는 자폐적인 장벽이 있는 내담자를 분석할 때에는 분석가와 내담자 사이에 전이와 역전이를 통해 무엇이 상연되는지를 생각할 수 있는 중간 공간transitional space을 반드시 만들어야 한다고 주장한다.

(2) 단호한 울타리

다음으로는 분석가의 응집력 있는 자기감이 한계와 울타리를 두고 인간적이면서도 단호하게 내담자에게 전달되어야 한다. 응집력 있는 자기감의 유지는 분석적으로 유용한 동일시를 할 수 있는 심리내적 환경을 제공한다. 분석가가 생명이 없는 자폐 형상이나 자폐 대상으로 경험하는 내담자의 전이에 대해 경직되게 동일시하는 것을 피할 수 있는 만큼, 분석가의 공감적인 가용성이 내담자에게 전달될 수 있다. 단호하고 일관적인 틀을 통해 내담자는 분석가가 분리되었으면서도 인간적이라는 사실을 기억한다. 이렇게 자기인식과 타인자각의 발달은 같이 어울리면서 진행된다. 단절된 유형의 내담자에게 인간적으로 단호한 분석적인 틀을 제공하는 것은 위협적인 '나 아닌not-me' 경험으로부터 그들을 지켜 주는 '나me'의 껍질보다 더 확실하고 진실한 어떤 것을 주고, 영원히 가용한 어머니라는 방어적인 착각을 포기하게 도와준다.

(3) 분석가의 감지 태도

세 번째는 원초적인 두려움을 회피하는 자폐적인 저항의 기능에 적절히 조율하는 분석가의 감지 태도appreciative attitude, Schafer다. 비언어적인 버텨 주기, 반영, 간직하기, 한계 설정 기능 등을 잘 활용함으로써 자폐적인 장벽을 지닌 내담자가 위험하게 내재화된 대상의 대표자로 분석가를 경험하는 것을 견뎌 낼 수 있는 충분한 심리구조를 형성하게 할 수 있다. 하지만 이러한 내담자들과 작업하는 분석가는 기다릴 준비가 되어 있어야 한다. 아마도 전이와 작업할 수 있을 때까지는 오랜 시간을 기다려야 할지도 모른다.

(4) 직면시키기

다음으로는 자폐적인 보호의 제한적이고 자기파괴적인 측면에 내담자를 능동적이고 단호하게 직면시킨다. 릴리는 자폐적인 저항의 심리적인 필요성을 인식하는 것과 함께, 이것들의 잠재적인 파괴성에 능동적으로 직면하게 하는 것을 잘 결합시키는 것이 중요하다고 하였다. 터스틴은 이렇게 온화한 권위와 해석을 적절히 조합함으로써 내담자에게 전환점을 가져다 줄 수 있다고 보고하였다. 이를 통해 내담자는 자신의 조종 기술이 자신을 속였다는 것을 점점 깨닫기 시작한다.

비교적 안정된 작업동맹하에서 자폐적인 저항의 방어적인 기능과 자기파괴적인 측면에 직면하는 것은 내담자를 결정적인 접촉 지점으로 이끌게 되며, 시간이 지남에 따라 내담자의 자폐적인 저항은 충분히 수정되기 시작한다. 이를 통해 내담자는 원초적인 전이 상태를 참아 내기 시작하고 의식적으로 기억하고 보고하게 된다.

초기 어머니와의 비극적인 탈착각이 새로운 대상관계를 제공하는 분석가와 치료적으로 재작업됨으로써 유아적인 전이로부터 자유로울 수 있다. 위니컷에 의하면, 조심스럽게 적용된 전이관계에서의 깊은 퇴행 경험을 통해 원래 환경에서의 실패를 '녹이는 것'이 가능하게 된다. 자폐증 껍질을 포기함에 따라 내담자는 지탱하는 분위기에서 분석과 분석가의 신체 안에 감싸이는 것을 느낄 수 있게 된다. 치료 목표는 내담자가 이러한 경험을 내재화하고 자신의 온전한 피부에 대한 느낌을 발달시키는 것을 돕는 것이다.

유아적인 전이는 변화를 주는 잠재적인 매개체이면서 동시에 가장 두려운 것이다. 이렇게 깊이 퇴행한 전이 상태는 원초적인 대상과 매우 급박하게 신체적이고 정신적인 분리를 하는 원초적인 환상이 있을 수 있다. 초기의 퇴행적인 요구와 느낌이 나타나는 전이관계는 두려울 수 있으며 심지어 치명적일 수도 있다. 예를 들어, 이러한 내담자들은 자신의 심장이 부서질 듯하기 때문에 치료자의 심장을 부수겠다고 위협하기도 한다. ❖

참고문헌

윤순임, 이죽내, 김정희, 이형득, 이장호, 신희천, 이성진, 홍경자, 장혁
　　표, 김정규, 김인자, 설기문, 전윤식, 김정택, 심혜숙(1995). 현
　　대 상담 · 심리치료의 이론과 실제. 서울: 중앙적성출판사.

American Psychiatric Association (2013). *Diagnostic and statistical
　　manual of mental disorders* (5th ed.). Arlington, VA:
　　American Psychiatric Association.

Bishop, D. V. M. (1993). Autism, executive functions and theory of
　　mind: A neuropsychological perspective. *Journal of Child
　　Psychology and Psychiatry, 34*, 279-293.

Busch de Ahumada, L. C. B., & Ahumada, J. L. (2015). Contacting a
　　19 month-old mute autistic girl: A clinical narrative.
　　International Journal of Psychoanalysis, 96, 11-38.

Campbell, M. (1989). Pharmacotherapy. In Karasu (Ed.), *Treatment of psychiatric disorders* (Volume 1). Washington DC: American Psychiatric Association.

Cohen, D., & Jay, S. M. (1996). Autistic barriers in the psychoanalysis of borderline adults. *International Journal of Psychoanalysis, 77*, 913-934.

Franch, P. (1996). Transference and countertransference in the analysis of a child with autistic nuclei. *International Journal of Psychoanalysis, 77*, 773-786.

Gillberg, C., & Coleman, M. (1992). *The biology of the autistic syndromes.* New York: Cambridge University Press.

Harris, J. C. (1996). Pervasive developmental disorders. In E. X. Parmelee (Ed.), *Child and adolescent psychiatry.* St. Louis: Mosby-Year Book, Inc.

Moore, B., & Pine, B. (1990). *Psychoanalytic terms and concepts.* American Psychoanalytic Association & Yale University Press.

Lotter, V. (1978). Follow-up studies. In M. Rutter & E. Schopler (Eds.), *Autism: A reappraisal of concepts and treatment.* New York : Plenum.

Rumsey, J. M., Bott, L., & Sammons, C. (1985). The phenomenology of schizophrenia occurring in childhood. *Journal of the American Academy of Child and Adolescents Psychiatry, 28*, 399-407.

Spensley, S. (1995). *Frances Tustin.* London: Routledge.

Zahner, G. E. P., & Pauls, D. L. (1987). Epidemiological survey of infantile autism. In D. Cohen & A. Donnellan (Eds.), *Handbook of Autism and pervasive developmental disorders.* New York: Wiley.

찾아보기

《내 용》

◎ 저자 소개

이용승(Lee, Yongseung)
서울대학교 심리학과를 졸업하고 동 대학원에서 석사학위와 박사학위
(임상심리학 전공)를 받았다. 서울대학교병원에서 임상심리 수련과정
을 수료하였고, 임상심리전문가 및 정신보건임상심리사(1급) 자격을
취득하였다. 현재 서울정신분석상담연구소의 부소장으로, 임상 현장
에서 심리치료 활동을 하고 있다. 주요 저서로는 『범불안장애』(2판),
『강박장애』(2판, 공저) 등이 있고, 주요 역서로는 『지그문트 프로이트』
『경계선 내담자를 위한 전이초점 심리치료 입문』(공역), 『경계선 장애
와 병리적 나르시시즘』(공역), 『남녀관계의 사랑과 공격성』(공역) 등
이 있으며, 환청, 애착, 사고억제, 분리-개별화이론, 부정적 치료반응,
정신분석에서의 동기이론 등과 관련된 다수의 논문이 있다.

ABNORMAL PSYCHOLOGY 27

자폐증 엄마, 아빠에게 무관심한 아이
Autism Spectrum Disorder

2000년 7월 20일 1판 1쇄 발행
2011년 9월 7일 1판 6쇄 발행
2016년 11월 15일 2판 1쇄 발행
2024년 3월 25일 2판 3쇄 발행

지은이 • 이 용 승

펴낸이 • 김 진 환

펴낸곳 • (주) **학지사**

04031 서울특별시 마포구 양화로 15길 20 마인드월드빌딩 5층

대표전화 • 02) 330-5114   팩스 • 02) 324-2345

등록번호 • 제313-2006-000265호

홈페이지 • http://www.hakjisa.co.kr
인스타그램 • https://www.instagram.com/hakjisabook

ISBN 978-89-997-1027-8 94180
ISBN 978-89-997-1000-1 (set)

정가 9,500원

저자와의 협약으로 인지는 생략합니다.
파본은 구입처에서 교환하여 드립니다.

출판미디어기업 학지사

간호보건의학출판 **학지사메디컬** www.hakjisamd.co.kr
심리검사연구소 **인싸이트** www.inpsyt.co.kr
학술논문서비스 **뉴논문** www.newnonmun.com
원격교육연수원 **카운피아** www.counpia.com